JOCHEN SCHMIDT
LINE HOVEN

PAARGESPRÄCHE

ZUM BUCH

«Ich merke mir immer schon, wenn ich irgendwo deine Brille sehe, weil du sie dann demnächst suchen wirst.»

Hin und wieder wütet wohl in jeder Beziehung der ganz normale Wahnsinn. Aber weswegen haben sich eigentlich prominente Paare wie Jean-Paul Sartre und Simone de Beauvoir in die Haare gekriegt? Und welche von Caesars Gewohnheiten brachte Kleopatra so richtig auf die Palme? In treffsicher-komischen Dialogen und originellen Illustrationen holen Jochen Schmidt und Line Hoven berühmte Kultpaare aus der Bibel, Kunstgeschichte und Popkultur in die Gegenwart und zeigen, dass es schon bei Adam und Eva alles andere als paradiesisch zuging.

ÜBER DIE ILLUSTRATORIN

Line Hoven, 1977 in Bonn geboren, ist Comic-Zeichnerin und Illustratorin. Sie veröffentlichte u.a. das Werk «Liebe schaut weg», für das sie beim 13. Internationalen Comic-Salon in Erlangen mit dem ICOM-Preis geehrt wurde. Sie schuf bereits die Illustrationen zu Jochen Schmidts «Dudenbrooks» (2011) und der «Schmythologie» (C.H.Beck 2013). Line Hoven lebt in Hamburg.

ÜBER DEN AUTOR

Jochen Schmidt, 1970 in Berlin geboren, erhielt 2004 den Förderpreis zum Kasseler Literaturpreis für grotesken Humor. Er war Mitbegründer der Berliner Lesebühne «Chaussee der Enthusiasten». Bei C.H.Beck erschienen u.a. die Romane «Müller haut uns raus» (2002), «Schneckenmühle» (2013), «Zuckersand» (2017) und «Ein Auftrag für Otto Kwant» (2019).

JOCHEN SCHMIDT
LINE HOVEN

PAARGESPRÄCHE

C.H.BECK

© Verlag C.H.Beck oHG, München 2020
www.chbeck.de
Umschlaggestaltung: Line Hoven
Umschlagabbildung: Line Hoven
Gesetzt aus der Trade Gothic im Verlag
Druck und Bindung: Kösel, Krugzell
Gedruckt auf säurefreiem, alterungsbeständigem Papier
(hergestellt aus chlorfrei gebleichtem Zellstoff)
Printed in Germany
ISBN 978 3 406 74956 8

klimaneutral produziert
www.chbeck.de/nachhaltig

INHALT

EVA & ADAM

EVA   Die Paartherapeutin hat sich endlich zurückgemeldet. Ich hab Angst,
daß wir uns da anschreien. Ich weiß gar nicht mehr, warum wir überhaupt hinwollten.

ADAM   Damit sie dir sagt, daß du mich unterdrückst und daß ich meistens recht habe.

EVA   Du verwechselst das mit deinem Therapeuten, der dir immer recht gibt,
wenn du über mich klagst.

ADAM   Ich verteidige dich eigentlich immer.

EVA   Wer weiß, wie er das interpretiert.

ADAM   Eigentlich würde es reichen, wenn du alleine zur Paartherapie gehst,
ich weiß ja, daß ich recht habe. Vielleicht würde es dann auch nur die Hälfte kosten.

EVA   Für mich müßte es sowieso billiger sein, weil bestimmt du die ganze Zeit redest.

ADAM   Nur, wenn du die ganze Zeit schweigst.

EVA   Die Paartherapeutin sieht bestimmt gleich, daß du mir nie richtig zugewandt bist.

ADAM   Ich bin dir doch zugewandt, gerade jetzt zum Beispiel.

EVA   Aber nicht *richtig*.

ADAM   Ich weiß nicht, was du damit meinst.

EVA   Siehst du.

SIMONE DE BEAUVOIR & JEAN-PAUL SARTRE

JEAN-PAUL   Oh, du hast mir meinen Kefir mitgebracht!

SIMONE   Nein, der war schon im Kühlschrank.

JEAN-PAUL   Schade, ich dachte, du hättest an mich gedacht.

SIMONE   Hab ich ja, ich hab vor dem Einkaufen geguckt, ob noch Kefir da ist.

JEAN-PAUL   Dann hättest du doch behaupten können, daß du ihn extra für mich gekauft hast, ich hätte mich so gefreut.

SIMONE   Ich habe ihn doch extra für dich gekauft.

JEAN-PAUL   Aber darüber habe ich mich schon nach dem letzten Einkauf gefreut, die Freude ist schon aufgebraucht.

SIMONE   Ich will dich aber nicht belügen.

JEAN-PAUL   Selbst wenn es gut für unsere Beziehung wäre?

SIMONE   Wieso? Würdest du mich denn belügen?

JEAN-PAUL   Oh, Himbeermarmelade!

SIMONE   Die hab ich aber für mich gekauft.

JEAN-PAUL   Wie? Ich darf davon nichts abhaben?

SIMONE   Die schmeckt dir doch gar nicht.

JEAN-PAUL   Aber ich will dasselbe essen wie du, weil ich mich dir dann verbunden fühle.

SIMONE   Dann dürftest du auch kein Fleisch mehr essen.

JEAN-PAUL   Du hast keinen Sinn für Romantik.

MISS PIGGY & KERMIT

MISS PIGGY   Heute hat mich auf der Straße eine Frau darauf angesprochen, daß meine Aura viele Verletzungen hat.

KERMIT   Und?

MISS PIGGY   Ich bin drei Jahre gealtert in der Zeit vom Stillen.

KERMIT   Ich finde nicht, daß du gealtert bist.

MISS PIGGY   Du guckst mich ja auch nicht mehr richtig an.

KERMIT   Ich liebe jedes Fältchen an dir.

MISS PIGGY   Glaube ich nicht.

KERMIT   Aber der Frau mit der Aura glaubst du?

MISS PIGGY   Es ist hoffnungslos, es geht immer nur bergab.

KERMIT   Ich finde, es wird immer besser.

MISS PIGGY   Am liebsten würdest du doch alleine leben.

KERMIT   Das wäre viel teurer, wegen der kleineren Verpackungseinheiten.

MISS PIGGY   Es ist so ermüdend, daß man mit dir nie ernsthaft reden kann.

KERMIT   Andere wären froh über einen so humorvollen Frosch.

MISS PIGGY   Schweine wollen aber auch mal ernst genommen werden.

KERMIT   Ich glaube, deine Aura hat viele Verletzungen.

WINNETOU & OLD SHATTERHAND

WINNETOU Wir sind überhaupt nicht mehr zärtlich zueinander.

OLD SHATTERHAND Das stimmt doch überhaupt nicht, ich bin total zärtlich zu dir.

WINNETOU Davon merke ich aber gar nichts.

OLD SHATTERHAND Ich hab gestern beim Gehen extra den Müllbeutel mitgenommen und die Spülmaschine angestellt.

WINNETOU Und was hat das mit mir zu tun?

OLD SHATTERHAND Weil ich dir Arbeit abnehmen will.

WINNETOU Wieso mir? Das ist doch genauso deine Arbeit. Weißt du, was *ich* jeden Tag alles mache?

OLD SHATTERHAND Ja, aber dafür lobe ich dich doch auch dauernd.

WINNETOU Wann denn zuletzt?

OLD SHATTERHAND Ich hab den Tisch abgeräumt und deinen Teebeutel aus der Spüle weggeworfen. Das war als Lob gemeint gewesen.

WINNETOU Das ist doch alles ganz normal.

OLD SHATTERHAND Ich würde ja das Zimmer wischen, aber ich habe immer Angst, dich dabei zu stören.

WINNETOU Du kannst es doch machen, wenn ich nicht da bin.

OLD SHATTERHAND Dann merkst du es aber vielleicht gar nicht, und wenn ich es dir sage, wirkt es so, als hätte ich es nicht aus selbstlosen Gründen gemacht.

WINNETOU Warum willst du immer für alles gelobt werden?

OLD SHATTERHAND Weil ich immer das Gefühl habe, du kritisierst mich, wenn du nichts sagst.

WINNETOU Das klingt, als sei das Leben mit mir ganz schrecklich.

OLD SHATTERHAND Ohne dich wäre es genauso schrecklich.

WINNETOU Deine Kaugummis gehören übrigens nicht in den gelben Sack.

KLEOPATRA & CAESAR

KLEOPATRA   Hast du dich wieder in Straßensachen auf meine Betthälfte gesetzt?

CAESAR   Entschuldige, ich hab nicht dran gedacht.

KLEOPATRA   Das ist *so* unhygienisch. Der ganze Dreck von draußen auf meinem Laken.

CAESAR   Ich kann mich doch nicht jedesmal umziehen, wenn ich nach Hause komme.

KLEOPATRA   Dann setz dich nicht auf meine Betthälfte. Was du auf deiner machst, ist mir egal.

CAESAR   Bist du dir sicher, daß die Bakterien dann nicht von meiner auf deine Betthälfte rüberlaufen, gerade *weil* es dort so schön sauber ist?

KLEOPATRA   Die Bakterien sind doch lieber untereinander, für die ist das schöner auf deiner Betthälfte. Wann hast du dir eigentlich das letzte Mal die Fußnägel geschnitten?

CAESAR   Die nutzen sich bei mir irgendwie immer von selbst ab. Außerdem sind deine Fingernägel auch ziemlich lang.

KLEOPATRA   Die sind aber *gepflegt*.

CAESAR   Dafür muß ich jeden Morgen deine Haare aus dem Waschbecken fischen. Und in deinem Kamm ist immer ein ganzes Büschel davon.

KLEOPATRA   Du benutzt meinen Kamm?

CAESAR   Weil ich keinen eigenen habe. Die Anschaffung lohnt sich für mich nicht mehr.

ROBIN & BATMAN

BATMAN Ich weiß überhaupt nicht, was ich dir zum Geburtstag schenken soll. Das macht mir immer solchen Streß.

ROBIN Das verstehe ich nicht, du mußt doch nur in den Werkzeugladen gehen und *irgendetwas* kaufen. Für mich ist es viel schwerer. Die Leggings, die ich dir zu Weihnachten geschenkt habe, ziehst du überhaupt nicht an.

BATMAN Weil die zu warm sind, aber ich hab mich trotzdem gefreut.

ROBIN Das war so peinlich, in diesen Dessousladen zu gehen wie ein Triebtäter. Und du mußt mir nur eine Kneifzange schenken.

BATMAN Ich kann dir doch keine Kneifzange schenken.

ROBIN Aber das würde mich freuen! Oder ein Küchenmesser mit Keramikklinge.

BATMAN Das ist so einfallslos.

ROBIN Jetzt fühle ich mich schuldig, weil ich Geburtstag habe.

BATMAN Du hast einfach schon alles.

ROBIN Nein, ich hab *gar nichts*! Ich freu mich auch über eine größere Speicherkarte für die Kamera oder so ein Gerät, das den Sternenhimmel an die Zimmerdecke projiziert. Oder so einen Mundschutz in Form von einem Damenslip, den habe ich im Internet gesehen, aber das wäre nur kurz lustig, den würde ich wahrscheinlich gar nicht benutzen.

BATMAN Wenn du es mir sagst, kann ich es dir nicht mehr schenken, weil es keine Überraschung wäre.

ROBIN Nimm einfach eine Kneifzange.

BATMAN Ich schenk dir keine Kneifzange!

JANE & TARZAN

JANE   Kannst du mir mal die Schultern massieren? Genau an der Stelle?
Das tut wieder höllisch weh.

TARZAN   Immer, wenn ich dich eigentlich nur streicheln will,
muß ich dich anschließend massieren.

JANE   Ich wußte, daß dir das gleich wieder zu anstrengend ist.

TARZAN   Ich weiß eben nicht, ob es überhaupt hilft.

JANE   Noch mal ein Stückchen weiter oben, da bin ich total verspannt.

TARZAN   So?

JANE   Aua!

TARZAN   Es muß weh tun.

JANE   Aber nicht so doll.

TARZAN   Ist es eigentlich beleidigend für dich, wenn ich mir jetzt die Hände wasche?

JANE   Weil du mich angefaßt hast?

TARZAN   Ich hab dich nicht nur angefaßt, ich hab dich massiert.

JANE   So oder so, du hast mich berührt, das ist doch dasselbe.

TARZAN   Ich würde mir aber gerne die Hände waschen.

JANE   Du kannst dich gegen Keime sowieso nicht schützen, die sind überall in der Luft.

TARZAN   Richtige Masseure waschen sich bestimmt auch nach jedem Kunden die Hände.

JANE   Die massieren aber auch so, daß es was hilft.

TARZAN   Warum soll ich dich denn massieren, wenn es nichts hilft?

JANE   Weil es mich ärgert, daß du zu faul dazu bist.

GRETCHEN & FAUST

GRETCHEN Ich hab den Tisch gedeckt.

FAUST Du hast den Fisch geweckt?

GRETCHEN Und den Wecker gestellt.

FAUST Den Bäcker bestellt?

GRETCHEN Das machst du doch mit Absicht, daß du mich immer falsch verstehst.

FAUST Du redest einfach so leise.

GRETCHEN Du redest auch oft leise.

FAUST Aber nur, damit du näher zu mir heranrückst.

GRETCHEN Gehst du heute noch einkaufen? Wir haben nichts mehr zu essen da.

FAUST Gerne, ich bin doch immer froh, wenn ich mal weg kann.

GRETCHEN Und denkst du an die Pfandflaschen?

FAUST Soll ich nur daran denken, oder soll ich sie abgeben?

GRETCHEN Du sollst vor allem nicht immer alles ins Lächerliche ziehen.

FAUST Darf ich auch mal was monieren? Du schreibst auf deinen Einkaufszetteln immer «Gnocchis», aber «Zucchini», das ist inkonsequent, entweder man sagt durchgehend falsch «Gnocchis» und «Zucchinis» oder eben «Gnocchi» und «Zucchini».

GRETCHEN Ich glaube manchmal wirklich, du hältst mich für dumm.

FAUST Weil du dachtest, Orang-Utans heißen so, weil sie orange sind?

MARIA & JOSEPH

MARIA Ich weiß einfach nicht, ob ich Basiselterngeld oder ElterngeldPlus beantragen soll. Ich werd aus diesen Formularen nicht schlau.

JOSEPH Du machst das schon.

MARIA Immer, wenn ich etwas Wichtiges mit dir besprechen will, langweilt es dich sofort.

JOSEPH Es langweilt mich nicht, es macht mich nur so müde.

MARIA Ich bin genauso erschöpft wie du.

JOSEPH Aber du bist es schon gewohnt, weil du immer so früh aufgestanden bist, für mich ist es viel schlimmer, ich hab mein Leben lang ausschlafen können. Dafür habe ich alles geopfert, und jetzt kann ich es nicht mal mehr.

MARIA Wenn du *einen* Tag wie ich durchstehen müßtest, würdest du sofort zusammenbrechen.

JOSEPH Ich helfe dir doch, wo ich kann.

MARIA Es würde mir schon helfen, wenn du mir zuhören würdest.

JOSEPH Diese Wörter sind alle so ermüdend: «Rückbildungskurs», «Milchstau», «Windeltwister» …

MARIA Ich würde mich auch lieber mit anderen Dingen beschäftigen.

JOSEPH Ich hab solche Angst, daß du mich irgendwann verläßt.

MARIA Du hast nur Angst vor dem Papierkram, den du dann erledigen müßtest.

JOSEPH Nein, ich liebe dich doch.

MARIA Könntest du nachher noch den Body einweichen? Diese Ökowindeln laufen immer aus. Das geht aber nur mit Gallseife raus, wenn man es richtig schrubbt.

GARFUNKEL & SIMON

SIMON Daß du die Garderobentür immer doppelt abschließt, macht mir unnötig Arbeit.

GARFUNKEL Es klingt so vorwurfsvoll, wenn du so mit mir sprichst.

SIMON Das sind nur deine Schuldkomplexe.

GARFUNKEL Das Licht ist bedrückend.

SIMON Ich finde es romantisch.

GARFUNKEL Es ist viel zu dunkel.

SIMON Sonst sieht man nur, wie unaufgeräumt es hier ist. Muß deine Bohrmaschine eigentlich hier stehen?

GARFUNKEL Die ist für das Regal mit unseren Grammys.

SIMON Das ist so spießig wie ein Gewürzregal.

GARFUNKEL Hast du meinen Concealer gesehen? Meine Haut ist eine Katastrophe.

SIMON Dann mach doch nicht so viele Lichter an.

GARFUNKEL Den Concealer hatte ich schon, als wir uns kennengelernt haben. Soll ich den als Erinnerung aufheben?

SIMON Wenn du ihn zu dir mitnimmst, mit der Bohrmaschine.

GARFUNKEL Wenn das so weitergeht, sehe ich für unsere Zukunft schwarz.

SIMON Du hast das Brot übrigens wieder auf dem Brettchen geschnitten, das ich noch von meiner Oma habe, das soll keine Kratzer kriegen.

GARFUNKEL Das letzte Mal, daß deine Stimme freundlich klang, war, als du am Silvesterabend ein Taxi bestellt hast.

HERA & ZEUS

HERA Hattest du das Babyphon gar nicht mit auf dem Klo?

ZEUS Nein, da kann ich sowieso nicht reagieren.

HERA Wenn Babys weinen, darf man sie nicht alleine lassen.

ZEUS Babys weinen doch immer.

HERA Die Ärztin sagt, Eileithyia hat gar keine Bindehautentzündung.
Wir sollen ihr doch keine Antibiotika-Augentropfen geben.

ZEUS Das denke ich auch.

HERA Aber du warst doch dafür?

ZEUS Tatsächlich? Es ist schwer, immer deiner Meinung zu sein.
Man kommt manchmal durcheinander.

HERA Gib's zu, du weißt immer noch nicht, wie man das Babyphon anstellt.

ZEUS Unsere Eltern hatten so etwas auch nicht.

HERA Und du hast stundenlang geschrien …

ZEUS Es hat mir nicht geschadet, eher ihnen.

HERA Woher willst du das wissen? Die ersten drei Jahre sind entscheidend
für das ganze Leben.

ZEUS Ich höre doch, wenn die Kinder schreien. Dafür brauche ich kein Gerät.

HERA Und wann machst du endlich die Wohnung kindersicher?

ZEUS Reicht es nicht, die Tür abzuschließen? Dann dürfte kein Kind
mehr reinkommen.

BARBIE & KEN

BARBIE Ab morgen lebe ich wieder gesund.

KEN Das sagst du jeden Tag.

BARBIE Wenn sich besondere Anstrengungen häufen,
brauche ich eben etwas Tröstliches am Abend.

KEN Für mich reichst du als Trost.

BARBIE Warum lachst du jetzt?

KEN Ich lache doch gar nicht, ich lächle.

BARBIE Du könntest so etwas nie ernst sagen. Dann zählt es aber auch nicht.

KEN Bei dir müßte man Schauspieler sein, damit du einem glaubst, was man sagt.

BARBIE Irgendwas riecht hier komisch.

KEN Ich rieche nichts.

BARBIE Das sind deine Sachen.

KEN Die sind frisch gewaschen.

BARBIE Es riecht nach Schweiß.

KEN Ich rieche nichts.

BARBIE Wäschst du deine Sportsachen etwa nicht separat?

KEN Du bist so überempfindlich, mit dir könnte ich nie Outdoor-Urlaub machen.

BARBIE Mit meinem Ex war ich sogar Wasserfallwandern.

KEN Und der hat seine Sportsachen separat gewaschen?

BARBIE Das war so ein Naturbursche, der hatte immer eine Schaufel für «Groß»
im Campingbus.

KEN Soll ich dir aus der Küche noch ein Eis mitbringen?

BARBIE Ab morgen lebe ich aber wieder gesund.

JOSEPHINE & NAPOLEON

JOSEPHINE   Bei REWE saß so ein Student an der Kasse,
der hat meine Aubergine nicht erkannt.

NAPOLEON   Gibt es heute etwa wieder kein Fleisch?

JOSEPHINE   Lies mal «Peace food».

NAPOLEON   Das Buch ist pseudowissenschaftliche Esoterik!

JOSEPHINE   Ohne Massentierhaltung könnten wir die Ernährungsprobleme
der Menschheit lösen.

NAPOLEON   Manchmal wünsche ich mich auf eine einsame Insel …

JOSEPHINE   Mit jedem Bissen nimmst du die Qualen der Tiere in dich auf.

NAPOLEON   Die lenken mich aber von meinen eigenen Qualen ab.

JOSEPHINE   Es geht um die Zukunft unserer Kinder.

NAPOLEON   Wir haben doch gar keine.

JOSEPHINE   Die wären auch zu bedauern!

NAPOLEON   Soll ich uns deine Aubergine braten, mit viel Knoblauch?

JOSEPHINE   Du denkst wohl, du müßtest mich besänftigen?

NAPOLEON   Es ist wichtig, bei Konflikten emotional in Kontakt zu bleiben.

JOSEPHINE   Ich hab uns für heute Abend Wirsingchips gekauft.

SCHNATTERINCHEN & PITTIPLATSCH

SCHNATTERINCHEN   Wärst du mit mir auch zusammen,
wenn ich nicht aus dem Osten wäre?
PITTIPLATSCH   Dann hättest du mich gar nicht genommen.
SCHNATTERINCHEN   Das heißt, du hättest lieber eine West-Ente?
PITTIPLATSCH   Nein, da fehlt mir der gemeinsame Hintergrund.
Dann müßte ich immer alles erklären.
SCHNATTERINCHEN   Ich finde, dreißig Jahre nach dem Mauerfall sollte
die Herkunft keine Rolle mehr spielen.
PITTIPLATSCH   Die West-Enten verstehen mich eben nicht.
SCHNATTERINCHEN   Du verstehst mich auch nicht, schon weil du ein Kobold bist.
PITTIPLATSCH   Ente und Kobold ist kein so großer Unterschied wie Ost und West.
SCHNATTERINCHEN   Ich möchte aber, daß du mich meinetwegen liebst und nicht,
weil wir als Kinder das gleiche Fernsehprogramm geguckt haben.
PITTIPLATSCH   Ich hab eigentlich immer Westen geguckt. Sesamstraße.
SCHNATTERINCHEN   Ich auch.
PITTIPLATSCH   Siehst du, das würde eine West-Ente nie verstehen.

Photogr. Atelier von WAGNER

ISOLDE & TRISTAN

ISOLDE   In der Zeitung stand, jede zweite Ehe scheitert nach drei bis sieben Jahren.

TRISTAN   Dann sollte man wohl lieber nur einmal heiraten.

ISOLDE   Ehe hat doch mit Liebe nichts zu tun.

TRISTAN   Es kann natürlich nicht schaden, wenn beides zusammentrifft.

ISOLDE   Ich würde dich auch ohne Ehering immer lieben.

TRISTAN   Hast du was getrunken?

ISOLDE   Ja, meinen Kaffee.

TRISTAN   Steuerlich ist eine Ehe günstiger.

ISOLDE   Nur, wenn man unterschiedlich viel verdient.

TRISTAN   Man kann an seinen Ehepartner 500 000 Euro steuerfrei verschenken, sonst nur 20 000.

ISOLDE   Du mußt mir nichts schenken, ich wäre schon froh, wenn du die Apfelstückchen für die Haferflocken sorgfältiger schneiden würdest, die kleben bei dir immer noch so zusammen.

TRISTAN   Wollen wir mal den Tag besprechen?

ISOLDE   Was gibt es da zu besprechen? Du willst Mittagsschlaf machen, joggen und am Handy fummeln, dann ist es Abend.

TRISTAN   Wir könnten ja einen Kompromiß finden.

ISOLDE   Und wie sollte der aussehen?

TRISTAN   Vielleicht, wenn du dir die Reihenfolge aussuchst, in der ich das alles mache?

R2-D2 & C-3PO

C-3PO Ich hab das Gefühl, daß alles Technische in unserem Haushalt
immer an mir hängenbleibt.

R2-D2 Das stimmt nicht, ich hab neulich die Stecker in der Steckdosenleiste sortiert.

C-3PO Aber deinen neuen Router mußte ich einrichten und die Shoppingkanäle
von der Fernbedienung löschen.

R2-D2 Du kannst es eben.

C-3PO Und wenn ich es nicht könnte?

R2-D2 Dann würde ich mich damit befassen.

C-3PO Dann tue ich in Zukunft einfach so, als könnte ich es nicht,
wenn ich keine Lust habe.

R2-D2 Du merkst gar nicht, was ich dafür alles mache. Ich hab bei Opodo angerufen
und das Flugticket storniert.

C-3PO Wärst du manchmal auch lieber jemand anders? Eine Kaffeemaschine?
Oder eine elektrische Zahnbürste?

R2-D2 Ich wäre gerne eine elektrische Fliegenklatsche.

C-3PO Dann müßte ich wahrscheinlich immer deine Batterien wechseln.

R2-D2 Das könnte ich auch.

C-3PO Aber du hast nie welche da.

R2-D2 Dafür weißt du immer noch nicht, wie man Klarspüler in die Spülmaschine füllt.

C-3PO Ich vergesse es eben immer gleich wieder.

R2-D2 Du kannst gar nichts vergessen, du bist doch kein Mensch.

C-3PO Ja, stimmt, das darf man nicht vergessen.

KATIA MANN & THOMAS

THOMAS   Ich merke mir immer schon, wenn ich irgendwo deine Brille sehe,
weil du sie dann demnächst suchen wirst.

KATIA   Das ist sehr aufmerksam von dir.

THOMAS   Mir ist aufgefallen, daß du meine Sachen manchmal so hinstellst,
daß sie fast umkippen, zum Beispiel die Reisetasche.

KATIA   Das ist aber nicht mit Absicht.

THOMAS   Oder du versteckst sie unter deiner Schmutzwäsche.

KATIA   Du müßtest eigentlich alleine leben, wenn dich das alles so stört.

THOMAS   Ich habe mich aber bewußt für die bürgerliche Kleinfamilie entschieden.

KATIA   Du hast wieder das Händehandtuch zum Abtrocknen benutzt.

THOMAS   War das nicht das Geschirrtuch?

KATIA   Das linke ist für die Hände und das rechte für Geschirr.

THOMAS   Man trocknet aber erst das Geschirr ab und dann seine Hände.
Also müßte das Geschirrtuch links hängen.

KATIA   Merk es dir doch einfach.

THOMAS   Ich könnte als Eselsbrücke nehmen, daß es unlogisch ist.
Aber manchmal machst du auch was logisch, dann komme ich durcheinander.

KATIA   Hast du zufällig meine Brille gesehen?

THOMAS   Nein.

PRINCE PHILIP & QUEEN ELIZABETH

QUEEN ELIZABETH   Au! Mußt du mir immer auf den Fuß treten!

PRINCE PHILIP   Du hast eben so große Füße.

QUEEN ELIZABETH   Überhaupt nicht.

PRINCE PHILIP   Welche Größe hast du denn?

QUEEN ELIZABETH   Nicht schon wieder! Die Frage habe ich schon tausendmal beantwortet.

PRINCE PHILIP   Nur noch einmal, diesmal merke ich es mir.

QUEEN ELIZABETH   39.

PRINCE PHILIP   Und ist das groß?

QUEEN ELIZABETH   Wie oft denn noch? Nein! Meine Sekretärin ist zwei Köpfe kleiner und hat auch 39.

PRINCE PHILIP   Aber deine Füße ragen anscheinend immer so ein Stück vor, wie eine Baumwurzel.

QUEEN ELIZABETH   Meine Füße sind ganz normal, du bist nur so tollpatschig.

PRINCE PHILIP   Du schiebst die mir immer so unbemerkt unter, wenn du neben mir stehst. Warum stehst du eigentlich immer neben mir?

QUEEN ELIZABETH   Du läufst mir doch immer nach.

PRINCE PHILIP   Nein, du kommst mir immer hinterher, und dann willst du, daß ich aus dem Weg gehe.

QUEEN ELIZABETH   Manchmal reden wir schon wie so ein altes Ehepaar.

SEINE FRAU & DER FISCHER

DER FISCHER   Denkst du daran, daß wir heute Abend Besuch haben?

SEINE FRAU   O Gott! Wer kommt denn?

DER FISCHER   Die Schöne und das Biest.

SEINE FRAU   Und ich dachte, wir könnten gemütlich «Bauer sucht Frau» gucken!

DER FISCHER   Aber du hast sie doch eingeladen?

SEINE FRAU   Weil die Kinder sich im Kindergarten angefreundet haben.

DER FISCHER   Ich weiß überhaupt nicht, was ich mit ihm reden soll.

SEINE FRAU   Mit ihr ist es noch schwieriger.

DER FISCHER   Was ist der eigentlich von Beruf?

SEINE FRAU   Ich glaube, Immobilienbesitzer.

DER FISCHER   Und sie?

SEINE FRAU   Die kümmert sich um ihren Sohn. Das heißt, sie bringt ihn mit dem SUV zum Kindergarten.

DER FISCHER   Die denken bestimmt, wir seien arm, obwohl wir nur bewußt den Simplify-Weg gehen.

SEINE FRAU   Wenn die wüßten, was das für Zeit kostet, sein Leben zu entschleunigen.

DER FISCHER   Und was für ein Luxus es ist, nichts zu besitzen.

SEINE FRAU   Darüber machen die sich überhaupt keine Gedanken.

DER FISCHER   Die sind total unglücklich, ohne es überhaupt zu merken.

SEINE FRAU   Und wir sind total glücklich, ohne es zu merken.

DIE SCHÖNE & DAS BIEST

DIE SCHÖNE   Denkst du daran, daß wir heute Abend eingeladen sind?

DAS BIEST   Wo denn?

DIE SCHÖNE   Beim Fischer und seiner Frau.

DAS BIEST   Und ich dachte, wir könnten gemütlich «Bauer sucht Frau» gucken!

DIE SCHÖNE   Ich glaube, bei denen sieht es auch nicht besser aus als bei den Bauern.

DAS BIEST   Gibt es da was zu essen, oder sollten wir vorher essen gehen?

DIE SCHÖNE   Wir könnten ja etwas mitbringen, das uns schmeckt.

DAS BIEST   Dann machen wir sozusagen Picknick in einer fremden Wohnung.

DIE SCHÖNE   Ich weiß überhaupt nicht, was ich mit ihr reden soll.

DAS BIEST   Mit ihm ist es noch schwieriger, der interessiert sich nicht mal für Autos.

DIE SCHÖNE   Aber unsere Kinder haben sich im Kindergarten angefreundet.

DAS BIEST   Da hätten wir besser aufpassen müssen.

DIE SCHÖNE   Du könntest ihr Haus kaufen und die Mieten erhöhen, dann ziehen sie vielleicht weg.

DAS BIEST   Bloß nicht noch ein Haus, das wird langsam lästig.

DIE SCHÖNE   Womöglich erwarten sie, daß wir sie im Gegenzug auch zu uns einladen.

DAS BIEST   Diese Leute sind so anstrengend!

JULIA & ROMEO

JULIA   Wir müssen noch klären, ob wir diesmal Weihnachten
zu deinen oder zu meinen Eltern fahren.

ROMEO   Ich dachte, wir fahren zu meinen?

JULIA   Da waren wir letztes Jahr.

ROMEO   Können wir nicht lieber nach Ägypten fliegen und Weihnachten ignorieren?

JULIA   Nein, ich will zu meinen Eltern.

ROMEO   Ich hab das Gefühl, deine Familie kann mich nicht leiden.

JULIA   Das stimmt doch gar nicht, meine Mutter findet
dich nur manchmal unhöflich.

ROMEO   Ich weiß nicht, wie sie darauf kommt.

JULIA   Ich schon.

ROMEO   Und dein Vater darf nicht erfahren, daß ich für das bedingungslose
Grundeinkommen bin.

JULIA   Dann vermeide doch solche Themen.

ROMEO   Ich würde ja gerne mitkommen, aber nur, wenn ich muß.

JULIA   Das ist so traurig, es sind doch meine Eltern.

ROMEO   Mein Therapeut sagt, du reinszenierst deine kindliche Beziehungserfahrung,
deshalb fühlst du dich ständig von mir enttäuscht.

JULIA   Dein Therapeut erzählt immer nur, was du hören willst.

ROMEO   Du kannst es nur nicht ertragen, daß jemand so intime Gespräche
mit mir führt.

JULIA   Quatsch, ich bin froh, wenn ich das nicht machen muß.

LOKI SCHMIDT & HELMUT

LOKI Wenn wir nicht rauchen würden, würden wir vielleicht noch leben.

HELMUT Schrecklich, dann wären wir ja *noch* älter.

LOKI Aber du könntest ein neues Buch schreiben.

HELMUT Da spiele ich lieber Schach.

LOKI Obwohl du immer verlierst?

HELMUT Du denkst eben länger nach.

LOKI Weil ich mir überlegen muß, wie du reagieren wirst.

HELMUT Aber doch nicht bei der Eröffnung.

LOKI Ich will dich eben immer noch überraschen.

HELMUT Das gelingt dir täglich.

LOKI Ist es nicht unzeitgemäß, daß immer Weiß beginnt und nie Schwarz?

HELMUT Du meinst, weil es nicht politisch korrekt ist?

LOKI Außerdem ist Schach ein Kriegsspiel.

HELMUT Du bist mein guter Gewissensbiß.

LOKI «SPD WILL UNSERE SCHACHREGELN ÄNDERN».
Schade, daß wir die Debatte nicht mehr erleben.

HELMUT Ich debattiere lieber mit dir.

LOKI Wollen wir noch eine rauchen?

HELMUT Wenn du endlich deinen Zug machst.

LOKI Ich überlege noch, wie du reagieren wirst.

PENELOPE & ODYSSEUS

PENELOPE   Ich kann es beim Yoga immer nicht aushalten,
die Positionen der anderen nicht korrigieren zu dürfen.

ODYSSEUS   Die meisten Menschen sind so unsportlich.

PENELOPE   Außerdem ist da immer ein Mann, der so laut atmet.

ODYSSEUS   Das ist ja unhöflich.

PENELOPE   Es gibt so unangenehme Männer.

ODYSSEUS   Ich hoffe, ich atme leiser.

PENELOPE   Dafür bist du sehr unpünktlich.

ODYSSEUS   Ich kann doch nichts dafür, in meinem Beruf muß man flexibel sein.

PENELOPE   Aber warum rufst du dann nicht wenigstens kurz an,
damit ich Bescheid weiß?

ODYSSEUS   Ich hab mich doch beeilt.

PENELOPE   Zehn Jahre?

ODYSSEUS   Freu dich doch einfach, daß ich jetzt da bin.

PENELOPE   Der Yogalehrer hat so eine wohltuende Ausstrahlung. Ich liebe dieses
intensive Durchdehnen.

ODYSSEUS   Dann fahr doch mal nach Dänemark.

PENELOPE   Veralber mich nicht immer.

ODYSSEUS   Meine Amme sagt, ich hab mich gar nicht verändert.

PENELOPE   Und ist das jetzt gut?

DOOF & DICK

DICK   Findest du mich eigentlich zu dick?

DOOF   Dazu sage ich lieber nichts, ich bin doch nicht doof.

DICK   Aber manche sagen, daß ich dick bin.

DOOF   Manche sagen auch, daß ich doof bin.

DICK   Weißt du, warum ich so gerne in Schuhgeschäfte gehe?

DOOF   Weil man sich da setzen kann?

DICK   Nein, weil es dort Spiegel gibt, in denen man nur seine Füße sieht.

DOOF   Denkst du etwa wirklich, daß du dick bist?

DICK   Könnten wir bitte das Thema wechseln?

DOOF   Ich habe gehört, wenn man mit Dicken über ihr Gewicht spricht, macht ihnen das solchen Streß, daß sie abnehmen.

DICK   Also findest du mich doch zu dick?

DOOF   Ein leichtes Embonpoint ist dir nicht abzusprechen, aber das kleidet einen Mann von Welt.

DICK   Irgendwas riecht hier verbrannt.

DOOF   Das ist dein Hintern.

DICK   Wieso brennt der denn jetzt?

DOOF   Weil ich ihn angezündet habe. Ich wollte dich auf andere Gedanken bringen.

DICK   Danke, aber könntest du das Feuer jetzt wieder löschen?

DOOF   Warte, ich hole eine Torte.

SOHN & VATER

SOHN Ich weiß nicht, als was ich zum Fasching gehen soll.

VATER Wolltest du nicht als Polizist gehen?

SOHN Ich hab aber Angst vor den Einbrechern.

VATER Und als Jäger?

SOHN Ich hab Angst vor den Waldschweinen.

VATER Bauarbeiter?

SOHN Da brauch ich irgendwas zum Bauen, wie so'n kleines Klettergerüst.

VATER Vielleicht Feuerwehrmann?

SOHN Als Feuerwehrmann gehen schon Liam, Linus und Ben.

VATER Und die anderen?

SOHN Mia geht als Pferd und Leon als Kobold und Indianer.
Aber wir dürfen nur Bananen als Pistolen nehmen.

VATER Wie wär's mit Gespenst?

SOHN Gespenster gibt es nicht, und außerdem sind die tot.

VATER Du gehst ja nur als verkleidetes Gespenst.

SOHN Papa, sind die Menschen, die tot sind, im Himmel? Leben die dann?

VATER Nein, die leben nicht mehr.

SOHN Davids Oma hat Krebs.

VATER Ich weiß, das ist schlimm.

SOHN Die muß mal zum Arzt gehen.

VATER Manche Krankheiten gehen aber nicht mehr weg.

SOHN Auch nicht, wenn man Gemüse ißt?

JANE BIRKIN & SERGE GAINSBOURG

SERGE Kennst du das längste französische Wort?

JANE Hippopotame?

SERGE Nein, länger.

JANE Atterrissement?

SERGE Nein, noch viel länger.

JANE Bitte verrat es mir, du spannst mich auf die Folter.

SERGE Anticonstitutionellement.

JANE Es klingt so erotisch, wenn du Französisch sprichst, sagst du es noch einmal?

SERGE Anticonstitutionellement, mon amour.

JANE Schade, daß das Wort immer noch so kurz ist, anticonstitutionellement ...

SERGE Dein englischer Akzent klingt für mich auch erotisch.

JANE Serge?

SERGE Oui, mon amour?

JANE Inspiriere ich dich noch?

SERGE Aber natürlich.

JANE Warum schreibst du mir dann nicht noch ein Lied?

SERGE Seit ich E-Zigarette rauche, fällt mir nichts mehr ein.

JANE Ich glaube, es ist wegen Brigitte Bardot.

SERGE Nein, ich sollte nur wieder meine Gitanes rauchen.

JANE Ach, Serge, sagst du für mich noch einmal anticonstitutionellement?

SERGE Anticonstitutionellement.

JANE Warum kann ich dir nicht glauben?

MR. HYDE & DR. JEKYLL

DR. JEKYLL   Ich hab im Biomarkt den Flaschenpfandbon in den Spendenkasten
für die Rettung der Fledermäuse gesteckt.

MR. HYDE   Ich bin bei Rot über die Straße gegangen, obwohl ein Kind es gesehen hat.

DR. JEKYLL   Ich hab einen Handschuh auf einen Fenstersims gelegt,
damit der Besitzer ihn wiederfindet.

MR. HYDE   Ich hab im Kaufhausfahrstuhl die Knöpfe für alle Etagen gedrückt,
bevor ich ausgestiegen bin.

DR. JEKYLL   Ich hab an der Kasse jemanden vorgelassen, weil er nur ein Glas
Kinderstreich zu bezahlen hatte.

MR. HYDE   Ich hab den Danzka-Wodka aus der Hotelminibar getrunken
und mit Wasser nachgefüllt.

DR. JEKYLL   Ich hab zehn Euro für Wikipedia gespendet.

MR. HYDE   Ich hab im Flugzeug am Start den Gurt geöffnet
und unter einer Zeitung versteckt.

DR. JEKYLL   Ich hab bei McDonald's mein Tablett selbst zum Mülleimer gebracht.

MR. HYDE   Ich hab umgeschaltet, als im Fernsehen über die Paralympics berichtet wurde.

DR. JEKYLL   Ich hab mich auf dem Klo beim Spülen für den kleinen Wassersparknopf
entschieden.

MR. HYDE   Ich hab fast alles von Thomas Mann gelesen,
aber nichts von Heinrich.

SISI & FRANZ

SISI Endlich Urlaub! Am Hof bekomme ich Globus hystericus.

FRANZ Ich denke oft an Bad Ischl.

SISI Bad Ischl! Wann wird es wieder wie in Bad Ischl?

FRANZ Was soll ich machen? Ich muß den ganzen Tag regieren, hier unnachgiebig sein, dort großzügig, da will man abends meistens nur noch die Beine hochlegen.

SISI Laß uns alles aufgeben und aufs Land ziehen, in die Natur.

FRANZ Und wovon sollten wir dann leben? Für Kaiser gibt es nicht viele freie Stellen. Und ich hab doch nichts anderes gelernt.

SISI Wir könnten unser Leben filmen und auf YouTube zeigen.

FRANZ Wen sollten Filme über unser Leben interessieren?

SISI Man muß nur regelmäßig etwas posten, dann gucken sich die Leute das an.

FRANZ Ich glaube, da regiere ich lieber.

SISI Könntest du noch mal die Bärenglocke läuten? Da war so ein Geräusch.

FRANZ Ich hab ja eher Angst vor Zecken.

SISI Laß uns aufs Land ziehen, Franz, ich beschütz dich auch vor Zecken.

FRANZ Und ich dich vor Bären, aber vorher muß ich noch das Reich konsolidieren.

NANNI & HANNI

HANNI Findest du den Mangel an weiblichen Rollenmodellen in der medialen Repräsentation auch so frustrierend?

NANNI Dabei erleben wir weltweit einen Female Shift.

HANNI Vielen Männern fällt es immer noch schwer, hingebungsvolle Beziehungen zu ihren Frauen und Kindern zu führen.

NANNI Soziale Kompetenzen, für die sich längst auch die Wirtschaft interessiert.

HANNI Die Schule wäre ein Ort, Geschlechtergerechtigkeit zu fördern.

NANNI Aber sie produziert nur systemkonforme Lernbulimiker.

HANNI Schule hat mit Bildung nichts zu tun.

NANNI Bildung ist vom System ja auch gar nicht erwünscht.

HANNI Hast du schon für Biologie gelernt?

NANNI Nein, das wähl ich sowieso ab.

HANNI Und für die Ethikklausur?

NANNI Die fällt aus, Fräulein Theobald hat Burn-out.

HANNI Dann können wir ja reiten gehen.

NANNI Wußtest du, daß das Pferd für Mädchen ein Zwischenglied zwischen Puppe und Partner ist?

HANNI Ja, aber Puppen riechen nicht so gut.

NANNI Und bei Partnern macht es nicht solchen Spaß, die Hufe zu pflegen.

MARIE CURIE & PIERRE

PIERRE   Du strahlst ja so.

MARIE   Weil wir das Radium entdeckt haben.

PIERRE   Wer sagt denn, daß es Radium heißt?

MARIE   Na, ich.

PIERRE   Du durftest schon das Polonium benennen.

MARIE   Ich hoffe, wir bekommen nicht den Nobelpreis,
ich hab keine Zeit zum Verreisen.

PIERRE   Apropos, im Kindergarten sind so viele Erzieher krank,
daß sie eine Woche schließen.

MARIE   Ich bin auch krank und arbeite trotzdem.

PIERRE   Du solltest dich ja auch schonen.

MARIE   Ich muß aber noch das Polonium isolieren.

PIERRE   Das kann ich doch für dich tun.

MARIE   Du würdest mir mehr helfen, wenn du die Kinder nimmst.

PIERRE   Und mein piezoelektrisches Elektrometer?

MARIE   Hast du mein Uran gesehen?

PIERRE   Nein, du sollst nicht immer mich verdächtigen.

MARIE   Wo soll es denn sein?

PIERRE   Vielleicht wieder in deiner Handtasche?

MARIE   Was würde ich nur ohne dich tun? Wenn du vor mir stirbst,
ziehe ich in die Nähe von deinem Grab.

PIERRE   Und wenn du vor mir stirbst, nenne ich ein Element nach dir.

MARIE   Ich hab gar keine Zeit zum Sterben, ich muß noch das Polonium isolieren.

BONNIE & CLYDE

BONNIE   Ich hab heute an der Kasse eine Avocado im Korb übersehen.

CLYDE   Das können die verschmerzen.

BONNIE   Ich hab noch nie was geklaut.

CLYDE   Ich klau immer Ritter Sport, die lassen sich gut in den Jackenärmel schieben.

BONNIE   Ich glaube, daß die Verkäufer mir das jetzt für immer ansehen werden, daß ich ein schlechtes Gewissen habe.

CLYDE   Dann kannst du ja jetzt immer klauen.

BONNIE   Die Avocado hat mir gar nicht geschmeckt.

CLYDE   Du hättest sie ja zurückbringen können.

BONNIE   Ich hatte Angst, daß sie mich dabei erwischen. Immer, wenn der Paketbote klingelt, denke ich jetzt, es ist die Polizei.

CLYDE   Ich kann gut Leberhaken.

BONNIE   Aber wenn du ein Dieb bist, kann ich dir nicht vertrauen.

CLYDE   Dich würde ich nie betrügen.

BONNIE   Laß uns abhauen, bevor sie uns finden.

CLYDE   Lieber heute als morgen.

BONNIE   Und wovon sollen wir leben?

CLYDE   Du kannst Avocados klauen und ich Ritter Sport.

BONNIE   Oh, das klingt so romantisch, jetzt bin ich fast froh über mein Mißgeschick.

CLYDE   War es denn wirklich ein Versehen?

OSTWIND & WESTWIND

WESTWIND   Gib doch zu, daß dir das Westgras besser schmeckt.

OSTWIND   Wenn man welches hat.

WESTWIND   Dir geht's doch gut, was willst du denn?

OSTWIND   Weil ich in gewissenlos auf Erfolg getrimmten Kinoschmonzetten mitspiele.

WESTWIND   Du bist ein Pferd, denkst du, dir bietet jemand den Hamlet an?
Pferdefilme sind immer Kitsch.

OSTWIND   Das stimmt nicht! «Das Pferdemädchen» nach dem Roman von Alfred Wellm
ist ein stilles Meisterwerk.

WESTWIND   Nie gehört.

OSTWIND   Natürlich nicht, du hattest ja auch nur dreißig Jahre Zeit,
unser kulturelles Erbe kennenzulernen.

WESTWIND   Euer kulturelles Erbe hat euch nicht vor dem Bankrott bewahrt.

OSTWIND   Für mich sind die Filme, in denen ich mitspiele, der Bankrott der Kultur.

WESTWIND   Man muß sich verkaufen können, aber dafür wart ihr euch ja
immer zu schade.

OSTWIND   Es geht nicht nur um Geld im Leben.

WESTWIND   Dann hätten wir euch wohl keine Pakete schicken sollen?

OSTWIND   Mit dem Fall der Gatter war unserer Beziehung
die Grundlage genommen.

MRS. CLAUS & MR. CLAUS

MRS. CLAUS   Alle deine Unterhosen haben Löcher.

MR. CLAUS   Die stehen für einen Lebensabschnitt. Ich hab mir immer neue gekauft, wenn ich eine neue Freundin hatte. Und wir sind schon 500 Jahre verheiratet.

MRS. CLAUS   Das ist kein Grund, sich gehenzulassen!

MR. CLAUS   Denk an den Klimawandel, da kann jeder etwas tun.

MRS. CLAUS   Du meinst, mit zerlöcherten Unterhosen rumzulaufen, rettet die Arktis?

MR. CLAUS   Wenn man außerdem nicht fliegt, kein Fleisch ißt und weniger Pakete bestellt.

MRS. CLAUS   Und wie sollen die Menschen dann Weihnachten feiern?

MR. CLAUS   Man kann sich Liebe schenken, das geht ohne CO_2.

MRS. CLAUS   Ich wünsch mir aber einen neuen Akkuschrauber.

MR. CLAUS   Dann pack mal dein Geschenk aus.

MRS. CLAUS   Ich hoffe, es ist ein CSR 20 V-EC WC 5 von Zonk-Tools?

MR. CLAUS   Die sind aber nicht mehr so gut, seit sie in China produzieren.

MRS. CLAUS   Dafür sind deine neuen Unterhosen von frohnatur nachhaltig und Made in Germany.

MR. CLAUS   Oh! Die werden mich immer an dich erinnern.

MAJA & WILLI

WILLI Immer wenn ich mich föne, muß ich vorher deinen Diffusor abmachen, das nervt.

MAJA Das ist kein Diffusor, das ist eine Zentrierdüse.

WILLI Aber die braucht man doch gar nicht, ohne geht es viel schneller.

MAJA Doch, damit kann ich mein Haar zielgenau formen.

WILLI Dann könntest du die Düse doch draufstecken und hinterher wieder abmachen, wenn nur du sie benutzt.

MAJA Wie kann man nur so faul sein, du bist doch eine Biene?

WILLI Es geht ums Prinzip.

MAJA Jeder andere würde das einfach machen, ohne darüber nachzudenken.

WILLI Das Leben ist anstrengend genug, man muß es sich nicht noch schwerer machen.

MAJA Dein Leben ist doch gar nicht anstrengend, du schläfst doch den halben Tag.

WILLI Ich höre nur auf meinen Körper.

MAJA Wie kann man nur so faul sein?

WILLI *Du* bist faul, weil du dich weigerst, deine Zentrierdüse abzumachen.

MAJA Ich weiß eben immer nicht, wo ich sie hinlegen soll.

WILLI Dann bringe ich dir dafür ein Regalbord an.

MAJA Dazu bist du viel zu faul.

WILLI Du wirst schon sehen, es geht ums Prinzip.

DIE KÜNSTLERIN LINE HOVEN

In Kafkas Tagebüchern findet sich das Fragment einer Erzählung «Erinnerungen an die Kaldabahn», das mit den Worten beginnt: *«Eine Zeit meines Lebens – es ist nun schon viele Jahre her – hatte ich eine Anstellung bei einer kleinen Bahn im Inneren Rußlands. So verlassen wie dort bin ich niemals gewesen.»* Der Erzähler berichtet in der Folge von dieser Zeit in seinem Leben, die er in einem Holzverschlag verbrachte, dem Stationsgebäude der Kaldabahn, einer Linie, auf der täglich nur zwei Züge verkehrten und die nicht einmal wirklich bis Kalda führte. Während er in der Steppe selten Menschen begegnete, hatte er es mit eigentümlichen Ratten zu tun, deren Krallen groß, ein wenig gehöhlt und am Ende doch zugespitzt und zum Graben geeignet waren. Wenn er nachts in der Hütte ein Wachslichtchen anzündete, konnte er immer irgendwo in einer Lücke unter den Bretterpfosten die von außen hereingesteckten Krallen einer Ratte fieberhaft arbeiten sehen. *«Es war ganz nutzlose Arbeit»*, schreibt er, *«denn um für sich ein genügend großes Loch zu graben, hätte sie tagelang arbeiten müssen, und sie entfloh doch schon, sobald der Tag nur ein wenig sich aufhellte, trotzdem arbeitete sie wie ein Arbeiter, der sein Ziel kennt. Und sie leistete gute Arbeit, es waren zwar unmerkliche Teilchen, die unter ihrem Graben aufflogen, aber ohne Ergebnis wurde die Kralle wohl niemals angesetzt. Ich sah in der Nacht oft lange zu, bis mich die Regelmäßigkeit und Ruhe dieses Anblicks einschläferte. Dann hatte ich nicht mehr die Kraft, das Wachslichtchen zu löschen, und es leuchtete noch ein Weilchen der Ratte bei ihrer Arbeit.»* Manchmal, wenn ich mit Line Hoven telefoniere und sie mir den Gefallen tut, sich meine Klagen über die Blindheit der Literaturkritik, über die Dummheit des Publikums oder die Kompliziertheit der Frauen anzuhören – immerhin gebe ich mir Mühe, solche Dinge unterhaltsam vorzutragen –, kann ich, wenn ich eine kurze Pause mache, um Luft zu holen, und für einen Moment Stille eintritt, durchs Telefon ein leises Schaben hören, Strich für Strich, das mich an die Ratten in Kafkas Erzählung erinnert, die geduldig versuchen, mit ihren Krallen ein Loch in die Wand der Hütte zu graben, obwohl es ihnen nie gelingen wird. So klingt es, wenn Line Hoven arbeitet, und dabei zwar langsam, aber stetig Meisterwerke produziert, durch das Schaben auf mit einer schwarzen Substanz beschichtetem Karton im immer gleichen Format. Es sind ausschließlich Originale, man muß sie gesehen, eigentlich betastet haben, um ihre geradezu plastische Qualität zu genießen.

Es gibt wahrscheinlich wenig Künstler, die sich so früh schon so konsequent einer Technik verschrieben haben, und dann auch noch einer, die ohne Farben auskommt. Aus der ZDF-Teleteaching-Sendung «Bares für Rares» wissen wir, daß sich ein Seestück besser verkauft, wenn kein Schiff darauf zu sehen ist, sondern nur Meer, daß Porträts anonymer junger Frauen bei Auktionen besser gehen als solche von alten Männern und daß goldene Taschenuhren ohne eingravierte Initialen höhere Preise erzielen. Und dasselbe gilt natürlich auch für Illustrationen, wer konsequent schwarzweiß arbeitet, verprellt einen Teil des Publikums, das sich eher farbenfrohe Wiesenblumen wünschen würde. Für mich ist das anders, meine Eltern hatten keinen Farbfernseher, ich habe als Kind stundenlang auf einen Schwarzweißbildschirm gestarrt, die Sesamstraßen-Wesen waren für mich nicht bunt, weshalb Line Hovens Bilder bei mir Kindheitserinnerungen wecken. (Unsere Nachbarn hatten allerdings irgendwann «Farbe», wir durften deshalb manchmal bei ihnen gukken. Sie drehten den «Color»-Knopf immer bis zum Anschlag auf, es kostete ja nichts.) Manche halten Line Hovens Bilder wegen der fehlenden Farben für düster, offenbar sind sie für den Humor nicht empfänglich, der sich bei ihr noch im kleinsten Detail zeigen kann. Und auch nicht für die warme und liebevolle Darstellung von Tieren und Kindern, wie sie zum Beispiel in der noch nie so ausgeführten Stallszene zu bewundern ist, mit Maria und Joseph und dem schlafenden Jesuskind. Selten in der nicht gerade kurzen Geschichte der Jesus-Darstellungen hat ein Jesuskind so anrührend und wirklich wie ein Kind ausgesehen, selig schlafend in der Krippe, das Kissen umarmend, als ginge es die ganze Szene gar nichts an. Vielleicht braucht es eine Mutter, um das so einfühlsam zu beobachten. Und damit die Szene nicht zu kitschig wird, füllt Maria auf Josephs Rücken den ElterngeldPlus-Antrag aus. Hat denn dieser User überhaupt Augen im Kopf, wenn er auf Amazon über unser gemeinsames Buch «Dudenbrooks» schreibt: *«Sogar für Nonsens zu unbefriedigend. Was als Idee witzig klingt ist in der Umsetzung sperrig, sinnlos und lässt selbst den geneigten Leser ratlos zurück. Die Bilder sind morbide, durchgängig deprimierend, die Kurztexte in unmotivierter Reimform wahllos bis beliebig. Dagegen hilft weder die ebenso unbegründete Referenz auf Thomas Mann, noch die positive Presse-*

schau.» Wie tröstlich ist es für mich, solchen Anfeindungen einmal nicht, wie gewohnt, alleine ausgesetzt zu sein, sondern mich hinter Line Hovens breiten Schultern verstecken zu können, geteiltes Leid ist halbes Leid. Es gibt nicht viele Menschen, bei denen ich nicht neidisch wäre, wenn sie einen Preis bekommen, den ich noch nicht bekommen habe, bei Line Hoven freut es mich sogar. Das Genie von Line Hoven verkennen nur die Doofen! Es gehört für mich zu meinen größten künstlerischen und menschlichen Erfolgen, daß unsere Werkbiographien inzwischen voller Querverweise aufeinander sind. Wenn ich in Momenten des Selbstzweifels beim Wandern durch meine Wohnung am Regalbrett mit meinen eigenen Büchern haltmache, um noch einmal die bereits publizierten Seiten zusammenzurechnen, und unsere Bände «Dudenbrooks» und «Schmythologie» in die Hand nehme (beide Titel stammen übrigens von ihr) sowie das Cover und die Vignetten meines Romans «Zuckersand» betrachte, müßte ich die Seiten dieser Bücher eigentlich doppelt zählen. Seit 2007 wartet alle Welt ungeduldig auf Line Hovens zweite Graphic Novel nach ihrem Debüt «Liebe schaut weg», aber statt sie zu schaben, wie man bei ihr sagen muß, arbeitet sie nun schon zum dritten Mal mit mir zusammen an einer Serie, «Paargespräche». Ich profitiere wohl von ihrer irrigen Ansicht, nicht schreiben zu können. Eigentlich sollte «Paargespräche» ja «Paar de deux» heißen, wieder ein Vorschlag von Line Hoven, der diesmal nicht durchkam, wie auch mein Alternativvorschlag «Das Paar in der Suppe». Ich sage das nur, um anzudeuten, wie herrlich man sich mit ihr über Nonsens amüsieren kann. Einmal schrieb ich ihr: «Wenn Du in die Kirche gehst, bist du Line ‹Beethoven›.» Und sie antwortete, «Wenn ich im Garten arbeite auch.» Meine Freundin ist ganz froh, wenn wenigstens ein paar meiner Kalauer auf andere Empfänger umgeleitet werden, Line Hoven ist sicher der wichtigste davon. Sie bringt mich aber auch zum Lachen. Als wir für «Schmythologie» über ein Bild zum Begriff «Tachyphagie» nachdachten, dem hastigen Essen, kam sie auf Leonardo da Vincis «Abendmahl», und ich schlug vor, Jesus in unserer Version eine Kaugummiblase machen zu lassen, sozusagen einen modernen Behälter für das Pneuma. Ich riet ihr auch, als Vorlage nicht da Vincis Abendmahl zu wählen, weil das zu naheliegend sei, sondern vielleicht lieber das von Giotto. Sie fragte: «Giotto? Ist das nicht was zum Essen?» Und dann schabte sie wie immer ein kleines Meisterwerk und aß dabei vermutlich eine ganze Packung Giotto. Die Albernheit hat aber auch Grenzen. Als sich im Paargespräch, das Faust und Gretchen führen, Faust darüber lustig macht, daß Gretchen früher gedacht hatte, der Orang-Utan heiße so, weil er orange ist, zählte Line Hoven mich wegen Chauvinismus an, so dumm, das zu denken, sei doch niemand. Dabei hatte ich den Gedanken von meiner Freundin, die *gar* nicht dumm ist! Ich will damit nur sagen, daß Line Hoven auch eine politische Künstlerin ist, auf sehr subtile Art, vor allem wenn es um den Kampf gegen Geschlechterstereotypen geht. Ihre Illustrationen zu den Dialogen, die ich berühmte Paare wie Jean-Paul Sartre und Simone de Beauvoir, Kermit und Miss Piggy oder Tarzan und Jane führen lasse, liefern einen über-raschenden Kommentar zu den Texten, die vielleicht manchmal etwas zu einseitig die männliche Perspektive einnehmen. Wenn man ihr glaubt, sind bei mir die Männer witzig und die Frauen hysterisch. Deshalb trägt bei ihr Jane einen wehleidigen Tarzan auf der Schulter, Simone de Beauvoir füßelt unter dem Küchentisch mit Jean-Paul Sartre, und Eva langweilt sich im Paradies, weil Adam immer nur auf sein Apple-Smartphone starrt.

Im Jahr 2007 habe ich mir auf der Leipziger Buchmesse von Line Hoven «Liebe schaut weg» signieren lassen. Sie hat das Buch nicht nur signiert, mit weißem Stift auf schwar-zem Grund, sondern ein Bild von einer Mutter hineingemalt, die ihr ähnelte und die ihr Kind hochhob, das mir ähnelte, wie ich fand. Was für eine Ehre, wir kannten uns doch noch gar nicht, dachte ich damals, und schon machte sie mich zu ihrem Kind. Als ich das Buch nun für diese Rede noch einmal gelesen habe, stellte ich fest, daß es sich um das Schlußpanel des Buchs handelte, das sie für die Widmung zitiert hatte, wahrschein-lich jedesmal, wenn sie damals ein Exemplar signierte. Bei einer späteren Buchmesse überreichte mir eine Journalistin, die mich mit einem Diktaphon in einer Ecke der Halle interviewt hatte – es war mit Sicherheit mein einziges Interview während dieser Messe gewesen, und es ging wahrscheinlich um meine Meinung zum Werk des Buchpreisträgers dieses Jahres –, einen Umschlag mit sechs Arbeiten von Line Hoven, die sie mir überge-ben sollte, weil Line schon abreisen mußte. Die Bilder gefielen mir, aber es dauerte eine Weile, bis mir klarwurde, daß es sich um die ersten Illustrationen zu «Dudenbrooks» handelte, das damals noch nicht so hieß, die Texte hatte ich ihr unbekannterweise irgendwann geschickt, weil ich gerne mit ihr zusammengearbeitet hätte. Ich weiß bis heute nicht, was sie dazu veranlaßt hat, sich darauf einzulassen, aber es folgten zwei wöchentliche Serien in der FAZ-Beilage «Bilder und Zeiten», die anschließend abge-schafft wurde. Über zwei Jahre wurde ich einmal pro Woche Zeuge des Wunders der

Schöpfung, denn ich bekam ein neues Bild von Line Hoven gemailt, im Angeber-tiff-Format, das ich am Handy nie öffnen konnte, so daß ich mich gedulden mußte, bis ich wieder zu Hause war. Alles, was ich tun mußte, damit es weiterging, war, einen neuen Text zu schreiben – das war schnell gemacht – und sie mit immer neuen Worten für ihre großartigen Kunstwerke zu loben, was nicht ganz so einfach war, da ich mich jedesmal steigern mußte und, wenn ich einmal nicht sofort schrieb, besorgte Nachfragen kamen, ob mir denn wohl zum ersten Mal ein Bild von ihr nicht gefallen habe? Erst mit den Jahren wurde mir klar, wie kritisch diese Künstlerin mit ihrer eigenen Arbeit umgeht, für Außenstehende ist so etwas ja immer gar nicht zu begreifen. Wir beneiden den Künstler um sein Talent und würden gerne auch so ein interessantes, selbstbestimmtes Leben führen, weil wir nicht ahnen, wie leicht jemand von Auftraggebern auszubeuten ist, der nie pfuschen würde, und wieviel Zeit freischaffende Künstler damit verlieren, sich Zeit zum Arbeiten zu erkämpfen, noch dazu, wenn sie Kinder haben. Und dann werden die besten unter ihnen noch nicht einmal mit dem warmen Gefühl, sich für die Größten zu halten, belohnt, nein, sie zerknirschen sich täglich in Selbstzweifeln. Wir denken ja beide, wir seien die bittere Pille, die Verleger und Redakteure schlucken müssen, um den anderen zu bekommen. Lange war es wohl Line Hovens größte Angst im Umgang mit mir, daß ich desillusioniert sein könnte, wenn ich erführe, daß sie die Konturen der Körper auf ihren Bildern manchmal durchgepaust hat. Und dabei wird sie von Jahr zu Jahr besser, filigraner und macht es sich in ihrem Anspruch, sich zu steigern und immer verrücktere Texturen zu schaben, immer schwerer. Aber es ist mir natürlich ein großes Vergnügen, sie aufzubauen, wenn sie am Telefon von ihren Ängsten und Unsicherheiten erzählt, von den Geldsorgen, der knappen Zeit zum Arbeiten und der Angst, ihren Sohn zu vernachlässigen, weil man es ja gar nicht ernst nehmen kann, wenn jemand, der so begabt ist und so hoch über vielen seiner von sich überzeugten Kollegen steht, solche Selbstzweifel hat. Oft werden unsere Telefonate unterbrochen, weil ein Kunde in dem Plattenladen, in dem sie arbeitet, um sich die Arbeit als Künstlerin leisten zu können, nach einer Fetenhit-CD fragt, sie führen aber nur Vinyl. Ich habe auch immer noch die Platte des Staatlichen Omsker Folklore-Chors, die ich mir dort für einen Euro gekauft habe, um den Laden zu unterstützen, eines Tages werde ich sie mir anhören. Sie selbst hört übrigens gute Musik, um nicht mit dem Flugzeug abzustürzen, das würde ihr dann ungerecht vorkommen. Wahrscheinlich bringe ich mich und meine Mitreisenden mit meinem Musikgeschmack in ihren Augen ständig in Gefahr.

Wir sprechen oft über unsere Kinder und spenden uns Trost, weil es die wohl schwerste Aufgabe für einen Künstler ist, auch noch Vater oder Mutter zu sein, jedenfalls, wenn man Erziehung eher wie Jesper Juul versteht, nämlich als Beziehung, und nicht wie Thomas Mann. Wir fragen uns dann, ob man ein schlechtes Gewissen haben müsse, wenn man für das Kind ein Faschingskostüm kauft, statt es selbst zu basteln. Und sie verrät mir, daß sie ihrem Sohn aus Kartons eine Bahn gebaut hat, und glücklich war, weil er wenigstens einmal «bimbim» gesagt habe. Wie schön es sein muß, Line Hovens Kind zu sein, habe ich gedacht, als ich das Kinderzimmer ihres Sohns gesehen habe. Es sah aus, als hätte sie es sich ausgedacht, dabei hatte er es sich ausgedacht. Und überall in der Wohnung lagen kleine Zettel, auf die ihr Sohn geschrieben hatte, wie toll seine Mutter sei. Was wird sie ihm wohl für das Preisgeld kaufen?

Sie selbst hatte eine schwere Kindheit, denn sie hatte zwei große Brüder, was ihr Verhältnis zum anderen Geschlecht vielleicht so stark geprägt hat wie die Tatsache, daß ich eine große Schwester hatte. Ihre Brüder haben ihr einreden wollen, sie stamme von einem Schwein aus einer Mastanlage ab und sei von ihren Eltern nur adoptiert worden. Sie hat zu Hause lange nach der entsprechenden Urkunde gesucht. Die Brüder hatten zudem behauptet, sie würde beim Kontakt mit einem elektrischen Weidezaun explodieren. Als sie so einen Zaun dann einmal anfaßte, wartete sie ängstlich auf den Tod. Vielleicht haben solche Erlebnisse dazu beigetragen, daß ihre Kunst immer zwei Seiten hat, etwas Anrührend-Unschuldiges, dem man eine Sehnsucht nach einer endlosen Kindheit anmerkt, möglichst in einem Lesesessel verbracht mit Süßigkeiten im Mund und umgeben von den Begleitern dieses Alters, die sie besonders gerne in ihren Arbeiten auftreten läßt: Batman, E.T., Kermit, Grobi, Dr. Doolittle oder die Addams Family, aber dann kommt etwas Abgründiges ins Spiel, eine schwer zu ertragende Einsamkeit und Isoliertheit der Figuren. Line Hoven könnte «Bullerbü» illustrieren, aber auch «Das Schweigen der Lämmer», wobei sie letzteres sicher mehr reizen würde. Wer ein Porträt bei ihr bestellt und sich dann beschwert, daß er darauf zu ernst guckt (und so etwas ist schon vorgekommen), das ist, als würden Picassos Frauen sich beschweren, daß ihnen auf seinen Bildern die Nase aus der Stirn wächst. Ich beneide sie um ihre Furchtlosigkeit, mit der sie die dunklen Seiten der menschlichen Seele erkundet. Ihre einzige Angst, von der ich weiß, ist die, zu versagen, und die kann ich bei jemandem wie ihr nicht ernst nehmen, obwohl sie sie wochenlang lähmen kann. Dafür erzählte sie mir, daß sie mal aus Versehen auf einer Drogenparty in Hamburg gelandet war – Hamburg *und* Drogen, mir stockte an der Stelle schon der Atem –, und auf dieser Party gab es eine «Spielwiese» im Keller – ich als Kind der Hauptstadtprovinz mußte nachfragen, was in diesem Kontext eine «Spielwiese» sein sollte? –, dort machten alle «rum», auch dazu fehlte mir jede Vorstellung, aber sie fand es schrecklich. Wieder oben, wurde sie von einem Mann angesprochen: «Ich hatte noch nie was mit einer Frau, die ein Kind hat», sagte er. Sie ließ ihn abblitzen, worauf er sauer war, weil er seine Zeit in sie investiert hatte: «Jetzt muß ich wieder bei Null anfangen.» Später saß sie auch noch zufällig neben ihm im Taxi. Wenn sie solche Geschichten aus ihrem Leben doch endlich in ein Buch einfließen lassen würde! Vielleicht würde es diesmal sogar unserem Amazon-User gefallen, zumal, wenn die Texte nicht von mir stammen. Aber eigentlich wünsche ich mir das nur mit halbem Herzen, denn meine Rolle bei so einem Buch würde wohl nicht über einen begeisterten Ausspruch auf der Rückseite des Covers hinausreichen. Aber wenn Line Hoven mit sich selbst arbeiten würde, müßte ich wenigstens auch nicht eifersüchtig sein. Ich wünsche ihr, daß das Preisgeld ihr Zeit verschafft, um das zu sein, wofür sie da ist, Künstlerin und Mutter. Und ich will sie deshalb auch nicht länger mit meinen Lobpreisungen aufhalten. Sie würde in der Zeit ja sicher lieber arbeiten. Wenn wir einen Moment still sind und aufmerksam lauschen, können wir sie vielleicht gerade wieder schaben hören, wenigstens in Gedanken, *wie ein Arbeiter, der sein Ziel kennt.»* Schabo! Schabblaus! Schabbadabbadu!

(Laudatio zur Verleihung des Hans-Meid-Preises für Buchillustration. Gehalten am 12.11.2017 in Lübeck in der Kunsthalle St. Annen.)

ANMERKUNGEN

Line Hoven

R2-D2 & C-3PO

1. Das Vogelhäuschen ist eine Anspielung auf das berühmte Zitat von Obi-Wan Kenobi aus «Star Wars», Episode IV: «Das ist kein Mond, das ist eine Raumstation.»
2. Die Schürze von C-3PO verweist auf den Jedi-Gruß: «Möge die Macht mit dir sein» («May the force be with you»). Ein Gruß, der im Angesicht einer großen Herausforderung gebräuchlich ist.
3. Bei dem haarigen Etwas am Käseigel handelt es sich um Chewbaccas Wookie-Hand. Die Inspiration zu dieser Figur hatte George Lucas bei einer Autofahrt mit seinem neben ihm auf dem Beifahrersitz aufrecht sitzenden Hund. Angeblich lehnt sich der Name Chewbacca an das russische Wort für Hund собака («sobaka») an.

KATIA MANN & THOMAS

1. Die Lederaktentasche ist eine Nachzeichnung derjenigen, die Thomas Mann in den zwanziger Jahren in Berlin benutzte. Bei einer Aufnahme, die ihn damit zeigt, soll sich die später verschollene Urfassung des «Doktor Faustus»-Manuskripts in der Tasche befunden haben.
2. Das Pierrot- bzw. Pierrettenkostüm, hier getragen von Klaus und Erika Mann (die dabei ausnahmsweise einmal nicht rauchen), verweist auf das von Friedrich August von Kaulbach angefertigte Porträt «Kinderkarneval» (1888/89), das die fünf Kinder der Familie Pringsheim, darunter die damals sechsjährige Katia, in ebendieser Kostümierung zeigt. Thomas Mann soll einen Nachdruck des Bildes besessen haben – lange bevor er seine spätere Frau Katia kennengelernt hatte. Zum anderen wird auf Erika Manns Biographie angespielt. Als Rednerin im Pierrettenkostüm trat sie in ihrem 1932/33 gegründeten Kabarett «Die Pfeffermühle» auf. «Laßt mich in Ruh – ich mische mich nicht ein!» sprach sie so in ihrem Stück «Kälte» zum Publikum.
3. Nur dank der freundlichen Unterstützung durch das Literaturhaus München war es Line Hoven möglich, diesen russischen Braunbären zu kratzen. Denn dort steht das bereits in «Buddenbrooks» erwähnte Familienmaskottchen heute. In der Münchner Villa der Manns in der Poschingerstraße, die in der Familie den Spitznamen «Poschi» trug, stand der in Wirklichkeit wesentlich kleinere ausgestopfte Bär als wohl passivstes Haustier der Familie. Er hielt eine Schale für Visitenkarten in den Tatzen.

1. Der Kenner des britischen Königshauses mag in Anbetracht des hüpfenden Paares aufschreien: «Aber nein, das Bild ist falsch, denn am 4. Juli 1949 zogen Elizabeth und Philip nicht nur nach London ins Clarence House, sondern seitdem auch final in getrennte Schlafzimmer um!» «Aber ja!», antwortet die Illustratorin. Weiß sie doch aus zuverlässiger Quelle, daß die Schlafzimmer des Buckingham Palace zwar getrennt, aber mit einer Tür verbunden sind. «Wie bei einem alten Ehepaar!», könnte man nun behaupten. Aber das sind die beiden ja auch.

2. In all den Jahren öffentlicher Auftritte von Elizabeth und Philip wurden sie nie händchenhaltend gesehen. Prince Philip versicherte allerdings in einem Gespräch mit dem königlichen Biographen Gyles Brandreth, daß das nicht an fehlenden Gefühlen füreinander liege, sondern an ihrer pragmatischen Ader.

3. Bei dem mit Trauerschleife versehenen Foto handelt es sich um ein Porträt von Queen Elizabeths geliebtem Corgi Willow, der im April 2018 verstorben ist. Die Ururgroßmutter Willows war ein Geburtstagsgeschenk zu Elizabeths 18. Geburtstag gewesen und durfte das Ehepaar später sogar auf dessen Flitterwochen begleiten. Die beinahe 30 Corgis, die die Queen in den Jahren danach züchtete (oder vermutlich eher züchten ließ), waren unter anderem dafür bekannt, daß sie eine Schwäche für die Waden von Wachpersonal und Bediensteten hatten. Willow jedoch kam durch seinen Einsatz in einem James-Bond-Film zu viel weniger zweifelhaften Ehren. Es sollten immer Hunde in Agentenfilmen mitspielen, auch wenn sie lediglich eine Treppe runterlaufen, einen Purzelbaum machen oder einem Helikopter nachschauen.

4. Aufgepaßt, liebe Style-Aficionados, Fashionistas und Modeinteressierte: Prince Philip sollte man im Auge behalten. Neben den farbenfrohen Outfits der Queen könnte man die diskrete Strahlkraft des Duke of Edinburgh leicht übersehen. Doch bereits 2014 hat GQ UK den damals 92-jährigen auf Platz 26 der «Best-Dressed Men in Britain» gesetzt. Zu Recht, denn außer Christopher Lambert macht kaum ein Nichtschotte im Kilt so eine gute Figur.

5. Der Royal Stewart Tartan darf eigentlich nur mit ausdrücklicher Erlaubnis der Queen getragen werden. Wegen seiner Beliebtheit wurde er jedoch zum Universal-Schottenmuster, das vor allem in den Siebzigern Symbol der Rebellion wurde. Sollte Prince Philip ihn ohne die Erlaubnis seiner Frau im Schlafzimmer tragen, wäre das ein charmanter Hinweis auf den heimlichen Punk in ihm.

6. Die «Chrismon» erreichte nach der Veröffentlichung dieses Bilds unter der Überschrift «Lustig?» folgender Leserbrief (eine der seltenen Reaktionen, die die Autoren von ihren Lesern bekommen haben): «Es freut mich immer sehr, wenn Ihr Magazin meiner Wochenzeitung ‹Die Zeit› beiliegt, und ich lese es mit großem Interesse. Als ich aber im September-Heft Seite 8 die Paargespräche las, mußte ich mich erst noch einmal davon überzeugen, daß ich kein Boulevardblättchen, sondern ‹Chrismon› in der Hand hielt! Was soll daran witzig sein, wie Sie in Text und Bild die Queen und Prince Philip verhöhnen? Das ist nicht lustig, sondern einfach nur Quatsch und einer evangelischen Zeitschrift unwürdig!»

JULIA & ROMEO

1. Die lebenslang monogame Taube steht wie kein anderes Tier für unendliche und exklusive Liebe. Beim Balzen verbeugt sich der männliche Vogel gurrend vor seiner Angebeteten. Dieses in der Fachsprache als «Beugegurren» bezeichnete Paarungsritual geht üblicherweise der Kopulation voraus und wird in dieser Illustration von Romeo als Hängeritual vollzogen.

2. Julia betont hier ihre sonnengleiche Strahlkraft – mit der sie auch Rosalindes Mondgesicht aus Romeos Herzen vertrieben hat – mit einem geschmackssicheren Rentiergeweih-Haarreif. Das erstaunlich häufige Auftauchen dieses Modeaccessoires auf Weihnachtsfeiern ist vielleicht seiner symbolischen Kraft geschuldet. So steht das beeindruckende, weitverzweigte Geweih, das sich jährlich erneuert, für Wiedergeburt, Fruchtbarkeit und geistiges Wachstum. Auch Frauen können sich mit dem sonst männlich konnotierten Geweih selbstbewußt zeigen: Das Ren ist die einzige Hirschart, bei der auch das Weibchen ein Geweih trägt.

3. Romeo und Julia gelten als Verkörperung glühender Liebe, einer Liebe, die so überwältigend war, daß sie die Liebenden ihre Umwelt vergessen ließ. Wie bei ihrem tragischen Ende waren sie stets bemüht, gemeinsame Entscheidungen zu treffen. Tatsächlich steht die Frage, wo die Feiertage verbracht werden sollten, mit 31% auf Platz eins einer veralteten Statistik der häufigsten Streitgründe bei Paaren zur Weihnachtszeit. Gefolgt von der Weihnachtsdekoration (17%).

LOKI SCHMIDT & HELMUT

1. Vermutlich haben Hannelore Glaser und Helmut Schmidt schon in jungen Jahren an der Lichtwarkschule in Hamburg-Winterhude nichts anbrennen lassen. Immerhin hat Loki mit zehn Jahren ihre erste Zigarette geraucht. Als Belohnung haben sich «Coffee and Cigarettes» bei ihr im Teenageralter etabliert. Da ihre Mutter Vollzeit arbeitete, kümmerte sich Loki um ihre jüngeren Geschwister. Ihr Vater dankte ihr das mit einem anrührenden Abendritual, wie sie in einem Interview verriet: «… dann kochte mir mein lieber Vater eine Tasse Kaffee, legte auf die Untertasse eine Zigarette und schob mir das leise hin.»

2. Daß sich in der kalten Jahreszeit Atemwölkchen bilden, wirft bei manchem die heimliche Frage auf, ob man bei Kälte eigentlich auch Blähungen sehen kann. Die beruhigende Antwort lautet: Nein, höchstens mit einer Wärmebildkamera! Wenn man in ein sauberes Glas hineinatmet, kann man die Tröpfchenbildung an der Glaswand beobachten. Atemluft ist feucht und warm. In kalter Luft kondensiert die Feuchtigkeit und wird als Wölkchen sichtbar. Lüfte aus dem Hintern sind hingegen trocken und bleiben damit zumindest unsichtbar – wenn auch vielleicht nicht unbemerkt. Eine weitere Frage zu diesem Thema ist ebenfalls bereits erforscht: Eine öffentlich zugängliche Flatulenz-Datenbank amerikanischer Wissenschaftler listet auf, welche Tiere nachgewiesen flatulieren. Seekühe nutzen diese Körperfunktion zum Beispiel zur Regulierung ihres Auftriebs. #DoesItFart

3. Die gängigste Suchmaschine liefert für «Helmut Loki Schmidt Schach» exakt sieben verschiedene Bilder des Paares beim Schachspiel. Nur die Kleidung und die Frisuren der beiden verweisen auf die unterschiedlichen Jahrzehnte der Bildentstehung. Wie man auf www.helmut-schmidt.de bei einer interaktiven Tour durch das Haus der Schmidts erfährt, steht dort in einer Glasvitrine unter vielen anderen persönlichen Kostbarkeiten auch ein selbstgebasteltes

Schachspiel. Helmut hatte das 15 mal 15 Zentimeter große Spiel während seiner Kriegsgefangenschaft geschnitzt und die dunklen Felder sowie die Figuren mit Ersatzkaffee gefärbt.

PENELOPE & ODYSSEUS

1. Penelope wird in dieser Illustration in einer klassischen Pose gezeigt: nachdenklich am Webstuhl sitzend, eine Hand zweifelnd zum Mund geführt. Ganz die spartanische Prinzessin, die sie ist, trägt sie kein Schuhwerk. Die beim Weben ständig zu treffende Entscheidung, ob man den horizontalen Faden über oder unter den vertikalen Faden legt – also das Ja oder das Nein –, symbolisiert die dringendste Frage Penelopes: Wird sie Odysseus nach seiner mit einem blutigen Gemetzel verbundenen Rückkehr noch lieben können? Fast wirken seine Handküsse routiniert. Ob sie etwas von dem innigen Abschied zwischen Kalypso und Odysseus ahnt?

2. Bei dem von Penelope halb zu Ende gewebten Stoff handelt es sich nicht wie in den meisten Darstellungen um das Totentuch für ihren Schwiegervater Laertes, mit dessen Anfertigung und nächtlicher Wiederaufribbelung sie es schaffte, die lästigen Freier drei Jahre zu vertrösten. Nein, hier versucht Penelope, die traumatischen Erlebnisse während Odysseus' Heimkehr knüpfend zu verarbeiten. Wie auch schon bei dem Wettbewerb, in dem er Penelopes Hand gewann, schaffte er es, den Bogen zu spannen und einen Pfeil durch die Augen zwölf hintereinander aufgestellter Äxte zu schießen. Anschließend entledigte Odysseus sich brutal der Brautbewerber, die jahrelang in seinem Palast gehaust hatten. Der Name Penelope setzt sich angeblich aus den griechischen Wörtern «Gewebe» und «abschälen» zusammen. Möglich ist aber auch, daß er auf eine Entengattung zurückgeht.

3. In der Regel wird Odysseus nicht als strahlender Jüngling mit wunderschön gelocktem Haar dargestellt. Eher wird er als gedrungener Mann mit wildem Bart beschrieben und gezeigt – oft mit einer Filzkappe bekleidet, damit der Helm nicht drückt. Zum Glück hat die Göttin Athene ihn mehrfach bei seinen öffentlichen Auftritten verschönert. Zitat aus Gustav Schwabs «Sagen des klassischen Altertums»: «Athene aber goß ihm jetzt wieder Anmut um das Haupt; sein dunkles Haar umringelte in vollem Wuchse den Scheitel, und einem Unsterblichen gleich stieg er aus der Badewanne.»

4. Auch zu diesem Paargespräch erreichte uns ein Leserbrief: «Ich halte es für verfehlt, sich an einem Kunstwerk von höchstem Rang, das die Menschen seit 2800 Jahren zutiefst berührt, in derart zeitgeistiger Weise zu bedienen. Hätte Homer sich auf dieser Ebene bewegt, wir wüßten heute nichts von diesen Personen. Auch wenn man die Kunstfreiheit sehr weit auslegt, so trifft doch Ihre Charakterisierung der Personen nicht den Kern der Sache. Wenn Odysseus nämlich ein Gespräch dieser Art mit Penelope zu erwarten hatte, so wäre er wohl kaum aus den Armen seiner Geliebten Kirke und Kalypso nach Hause zurückgekehrt.»

DOOF & DICK

1. Es soll Kinder gegeben haben, die sich beim Versuch, Stans Trick nachzuahmen, mit einem Fingerschnippen seinen Daumen in ein brennendes Feuerzeug zu verwandeln, ihre Finger wund gerieben haben. Auch Ollie hat in dem Film «Way Out West» (1937) immer wieder versucht, seinen Daumen durch Schnippen zu entflammen, um gegen Ende des Films in Panik zu geraten, als er damit überraschend Erfolg hatte.

2. Auch nach längerem Nachdenken mußte Line Hoven feststellen, daß ihr lediglich zwei schlechte Bäckereiwitze bekannt sind. Das Angebotsschild für Rumkugeln bezieht sich auf einen davon. Im zweiten kommen ein Hase und 100 Brötchen vor.

3. Das Ausgefuchste an Zeichnungen ist, daß man alles behaupten und chronologische Unstimmigkeiten ignorieren kann. In Wirklichkeit hätten Stan & Oliver niemals vor dem Bäckerladen «Zuckerbrot» im Herzen Bambergs Zimtschnecken und Bäckerin anschmachten können, weil es diesen damals noch nicht gab. Wenn aber doch, dann hätte das vermutlich zu einer der größten Tortenschlachten in der Geschichte Bambergs geführt.

4. Daß sein Hinterteil brannte, bemerkte Oliver Norvell Hardy für gewöhnlich (wie zum Beispiel in den Filmen «Hog Wild» oder «Them thar hills») erst an Rauchschwaden oder einem deutlichen Temperaturanstieg, worauf er leidend in die Kamera blickte. Ollie wog übrigens bei seiner Geburt bereits 15 Pfund und trug den Spitznamen «Babe».

5. In trüben Stunden sollte man sich auf YouTube diverse Lachanfall-Ausschnitte aus Laurel und Hardys bekanntesten Filmen ansehen.

SOHN & VATER

1. Aus Rache für seine Karikaturen von Hitler und Goebbels wurde Erich Ohser nach der Machtübernahme durch das NSDAP-Regime die Aufnahme in die Reichspressekammer verwehrt, was für ihn ein Veröffentlichungsverbot bedeutete. Mit den «Vater und Sohn»-Bildgeschichten schuf Ohser, wie es der Feuilletonist und Theaterkritiker Friedrich Luft ausdrückte, eine «Oase fast unbekümmerter Menschlichkeit».

2. Vorlage für dieses Paargespräch ist die Bildgeschichte «Der Brief der Fische» aus der Berliner Illustrirten Zeitung, Nr. 20, erschienen am 16. Mai 1935. Zum großen Glück der Illustratorin sind die «Vater und Sohn»-Geschichten seit dem 1. Januar 2015 gemeinfrei. Darauf hingewiesen und bei der Recherche tatkräftig unterstützt wurde Hoven durch die e.o.plauen-Gesellschaft.

3. Bananen kommen tatsächlich als Futter für manche Fische oder Krebse in Frage. Das reife Obst enthält übrigens neben 74% Wasser, 20% Kohlenhydraten, 1,25% Eiweiß und 0,2% Fett auch Serotonin, Noradrenalin und Dopamin.

4. Laut verschiedensten Studien verbringen Väter weilweit täglich immer noch wesentlich weniger Zeit mit ihren Kindern als Mütter.

5. Bei einem Arbeitsbesuch in Bremerhaven schrieb e.o.plauen die Botschaft «Esst mehr Mensch!» ins Gästebuch des Fischereihafen-Restaurants und zeichnete dazu den glatzköpfigen Vater, der seinen Sohn aus dem Schlund eines riesigen Fisches zieht.

JANE BIRKIN & SERGE GAINSBOURG

1. Sämtliche Wände in Serge Gainsbourgs Wohnung in der Rue Verneuil 5 bis in Paris waren und sind schwarz gestrichen. Die Außenwände des Stadtpalais blieben hell und wurden von Fans mit Nachrichten beschrieben und mit Zetteln und Metrofahrscheinen beklebt. Obwohl Serge die Huldigungen seiner Bewunderer zu schätzen wußte, wurden die Wände von Zeit zu Zeit wieder weiß getüncht, um jedoch sofort wieder neu verziert zu werden. Seit Gainsbourgs Tod dient die Fläche als eine Art Leinwand für wechselnde Graffitikünstler, eine Provokation in der Nachbarschaft des 7. Arrondissements.

2. Serges Mutter fragte noch ihren längst berühmten Sohn, warum er sich nicht seine abstehenden Ohren operieren ließe. Jane Birkin hingegen sagte, auf seine Häßlichkeit (mit der er selbst sehr offensiv umging) angesprochen: «Mir gefällt es, daß jeder ihn grauenhaft findet. Ich hatte als Kind mal einen Papagei, der jeden gebissen hat, nur mich nicht. Er liebte mich, weil ich mich traute, ihn unter seinen Flügeln zu kitzeln. Alle sagten: ‹Wie kannst du nur diesen grauenhaften Papagei mögen?› Ich fand ihn wunderschön, aber ich wollte nicht, daß die anderen es wußten. Es war mein Geheimnis.»

3. Als Sohn ukrainischer Einwanderer wählte Lucien Ginsburg zu Beginn seiner Karriere den Künstlernamen Serge Gainsbourg – als Verweis auf seine Wurzeln, und weil ihn der Name Lucien eher an einen Friseurauszubildenden erinnert haben soll. Seine Eltern, Joseph und Olga Ginsburg, flohen 1919 vor den Bolschewisten nach Paris, wo Joseph Ginsburg als Pianist in den Pariser Bars sein Geld verdiente. Von ihm erhielt «Serge» seine klassische Klavierausbildung.

4. In seinem Wohnzimmer hatte Gainsbourg nicht nur venezianische Fliesen mit schwarzweißem Karomuster, sondern auch eine erstaunliche Sammlung von Handschellen und Polizeiabzeichen. Er liebte die Polizei. Nach einem Einbruch in seiner Wohnung lud er die Polizisten auf einen Drink ein und freute sich, ihnen seine Sammlung präsentieren zu können.

5. Das Lied «Je t'aime … moi non plus» hatte Gainsbourg ursprünglich für seine damalige Geliebte Brigitte Bardot geschrieben, als sie ihn um das schönste Liebeslied aller Zeiten gebeten hatte. Brigittes eifersüchtiger Ehemann Gunter Sachs ließ die Veröffentlichung des Duetts gerichtlich verhindern. 1969 wurde schließlich eine mit Jane Birkin gesungene Version zu einem von Gainsbourgs größten Erfolgen.

MR. HYDE & DR. JEKYLL

1. Laut einer Studie von Akustikprofessor Trevor Cox von der britischen Universität Salford ist das schlimmste Geräusch der Welt der «Sound of Erbrechen». Für die Zeichnerin ist es allerdings das Quietschen von Fingern auf Fensterscheiben. Die Vorstellung, bereits nach einem halben Jahr die Fenster erneut putzen zu müssen, löst bei ihr eine schwere Phonophobie aus. Bei dieser Illustration hat sie allerdings Glück: Die Hand gehört lediglich dem winkenden Gärtner, der sich von seinen Auftraggebern den korrekten Schnitt der stattlichen Rhododendren im Vorgarten bestätigen lassen will.

2. Das zentrale Motiv der Novelle «Der seltsame Fall des Dr. Jekyll und Mr. Hyde» von Robert Louis Stevenson und auch im vorliegenden Bild ist der Trunk, mit dem Dr. Jekyll es geschafft hat, das Gute vom Bösen in der menschlichen

Seele zu trennen. Die Ostwestfalen nutzen zu diesem Zweck Korn-Cola, zu der traditionell Pickert mit Leberwurst gereicht wird.

3. Dr. Jekyll und Mr. Hyde haben in langen Sitzungen mit ihrem Identitätskrisen-Berater Dr. Jung eine Einigung in bezug auf ihre Wandgestaltung erzielt. Jeder durfte einen persönlichen Helden hängen. Hyde wählte Nero und denkt dabei an die Harfengesänge von Sir Peter Ustinov im sanften Licht der Flammen des brennenden Rom. Dr. Jekyll entschied sich für Queen Victoria. In der Mitte (die Wand schien mit nur zwei Bildern doch recht kahl) hat man sich auf ein Porträt von Nietzsche verständigt.

4. Wie im echten Leben, so siegt auch im Bild am Ende das Gute. Hier hat Dr. Jekyll es geschafft, ein Porträt des personifizierten Guten (gleichzeitig unangefochtener Traummann der Zeichnerin) noch knapp in den Bildausschnitt zu mogeln: Captain Jean-Luc Picard.

5. Warum von Jekyll und Hyde Goethe gelesen wird, erklärt sich aus diesem Faust-Zitat:

«Zwei Seelen wohnen, ach! in meiner Brust,
Die eine will sich von der andern trennen;
Die eine hält, in derber Liebeslust,
Sich an die Welt mit klammernden Organen;
Die andre hebt gewaltsam sich vom Dust
Zu den Gefilden hoher Ahnen.»
(Faust 1, Vers 1112–1117; Vor dem Tor.)

SISI & FRANZ

1. Unter dem Schal aus Brüsseler Spitze versteckt Sisi eine Ankertätowierung. Diese ließ sie sich nicht etwa während eines Gap Year in Thailand stechen (deswegen befindet sie sich auch auf der Schulter und nicht über dem Gesäß), sondern erst 1888 im Alter von 51 Jahren im Nebenzimmer einer Hafenkneipe. Ihre Liebe zum Meer war vermutlich ausschlaggebend für die Motivwahl. Wie wohl Franz, der das Meer nicht liebte, zu dieser Tätowierung stand?

2. Die Zeichnerin betreibt hier Geschichtsklitterung, denn was Sisi und Franz über dem Feuer rösten, kann eigentlich noch kein Marshmallow gewesen sein, sondern ein Pâte de Guimauve, mitgebracht von einer ihrer heimlichen Stelldicheins an der französischen Riviera. Wichtigste Zutat dieser kulinarischen Spezialität war die Eibischwurzel, welche zu jener Zeit im Rest Europas nur als Arznei und Klebstoff bekannt war.

3. Sisi nahm als leidenschaftliche Reiterin an wilden Jagdrennen teil, die sie durch halb Europa führten. Es wird von Meutejagden berichtet, bei denen von etwa hundert Mitreitern die meisten auf der Strecke bzw. in der Hecke blieben. Sisi kam jedoch immer unversehrt ans Ziel, und das im Damensattel. Auch als Pferdeflüsterin soll sie sich verdient gemacht haben, so besänftigte sie einen bösartigen Hengst im Gestüt des Grafen Festetics durch Streicheln und rettete ihn vor dem Tod durch Erschießung.

4. Die Bücher im Zelt verweisen auf Sisis unstillbaren Wissensdurst: Sie las viel, schrieb auch selbst, übersetzte Bücher und hatte erstaunliche Fremdsprachenkenntnisse. Außer dem Deutschen beherrschte Elisabeth Ungarisch, Böhmisch, Polnisch, Rumänisch, Italienisch, Alt- und Neugriechisch und lernte Französisch, Latein sowie Englisch. Am Wiener Hof diente ihr und ihrer Schwester Néné die englische Sprache, die sie von ihrem englischen Kindermädchen gelernt hatten, als Geheimsprache. Ob sie Franz nach dem Grillgelage noch mit einem «Visite ma tente!» locken konnte, bleibt der Phantasie des Betrachters überlassen.

5. Schöpferin der berühmten Steckbrieffrisur der Kaiserin war Franziska «Fanny» Feifalik – nur sie konnte in stunden-langer Arbeit das fast bodenlange Haar Sisis perfekt kronenartig aufstecken. Wegen des Gewichts der Haarpracht wurden ihr stets Bedienstete an die Seite gestellt. Um den Wutanfällen der Regentin zu entgehen, versteckten die «Kämmer- und Bürsterinnen» jedes ausgefallene Haar mit Hilfe von Klebebändern unter ihren Schürzen.

6. Den hochgelegenen Ort für ihren romantischen Lagerfeuerabend werden Sisi und Franz wohl wandernd erreicht haben: Sisi, die das Wandern liebte, hat der Überlieferung nach sogar ihre Hofdamen nach ihrer Wanderlust und Kon-dition ausgesucht. Nur wer bei ihren mehrstündigen Ausflügen mithalten konnte und dabei auch im Korsett eine gute Figur machte, durfte ihr zu Diensten sein.

NANNI & HANNI

1. Die Zwillinge Hanni und Nanni offenbaren hier ihre sehr unterschiedlichen Charaktere: Während die ruhigere Nanni den Büstenhalter lediglich in der Tonne ablegen will, leitet Hanni bereits das Vernichtungsritual ein. Dies ist einer der wenigen Punkte, in denen sich die deutsche Fassung an Enid Blytons Vorlage mit dem Titel «The Twins at St. Clare's» hält. Patricia «Pat» und Isabel O'Sullivan waren ebenso unterschiedlich angelegt wie die deutschen Hanna «Hanni» und Marianne «Nanni» Sullivan. (Der Verbleib des «O'» gibt bis heute Rätsel auf.)

2. In der englischen Originalversion verzweifeln die Zwillinge Pat und Isabel an der in St. Clare's vorgeschriebenen grauen Schuluniform, die ihrem modischen Selbstbewußtsein der 1940er Jahre als zu trist widerstrebte. Die im Bild gezeigte farbenfrohe Schuluniform von Hanni und Nanni macht diese Diskussion überflüssig.

3. Am 7. September 1968 versammelten sich 400 Feministinnen in Atlantic City, New Jersey, um gegen die Miss-America-Wahlen zu demonstrieren. Um zu problematisieren, wie Frauen auf ihre Körper reduziert wurden («Frauen sind kein Fleisch»), wählten sie ein Schaf zur Schönheitskönigin und warfen eine Reihe Produkte «weiblicher Unter-drückung und Folter» (vom Wischmop bis zu falschen Augenwimpern) in Tonnen mit der Aufschrift «Freedom Trash Can». Den Tonneninhalt wollten sie verbrennen, wegen eines Polizeiverbots wurde jedoch nichts angezündet. Erst durch einen reißerischen Zeitungsartikel wurde die Legende der BHs verbrennenden Feministin geschaffen, die lan-desweit Nachahmerinnen dazu animierte, sich auf diese Weise ihres Büstenhalters zu entledigen. Um das visuell in die heutige Zeit zu transportieren, hat die Zeichnerin sich im Bild für den populären «The Future is Female»-Slogan ent-schieden. Offen bleibt die Frage, wie wohl die Zukunft des Königinnenschafs ausgesehen haben mag?

4. Während Pat und Isabel noch unbekümmert den Rasen hätten mähen dürfen, wäre ihnen dieses Vergnügen im Jahr 1955 fast durch das Englische Parlament verwehrt worden. Es stimmte jedoch glücklicherweise gegen den Plan, eine Führerscheinpflicht für Rasenmäher einzuführen.

MARIE CURIE & PIERRE

1. Pierre und Marie Curie waren fasziniert von der Schönheit und Kraft der von ihnen entdeckten Elemente. Sie entwikkelten eine fast zärtliche Beziehung zu radioaktiven Substanzen, wie man aus ihren autobiographischen Notizen erfährt: «Dann konnten wir überall die schwach leuchtenden Silhouetten der Flaschen sehen, die unser Material enthielten. [...] Die strahlenden Reagenzgläser sahen aus wie zarte Feenlichter.» Es blieb jedoch nicht nur bei nächtlichen Laborbesuchen, um die bemerkenswerte Strahlkraft «ihres Kindes» zu bestaunen. Sie steckten die Substanzen ein, trugen sie bei sich, stachelten sich gegenseitig (und auch ihren ehemaligen Professor Henri Becquerel) zu Selbstversuchen an und dokumentierten die Folgen («tiefe Verwundungen», «Schuppenbildung», «manchmal sehr schmerzhafte Verhärtungen») für ihre Körper. Aber sie brachten sich nicht mutwillig in Gefahr, sondern hofften, daß die Strahlen Krebszellen angreifen würden.

2. Um sich tonnenweise Uranpechblende von böhmischen Abraumhalden kaufen zu können, lösten Marie und Pierre ihre Lebensversicherung auf. In einem alten Hangar gelang es ihnen schließlich, das Element Polonium (benannt nach der polnischen Heimat Maries, die mit Geburtsnamen Maria Skłodowska hieß) und einige Wochen später das Radium (das «Strahlende») zu isolieren. Folgender Bericht von Marie zeigt, daß sich Romantik auch in einem Schuppen voller uranhaltigem Abfall einstellen kann: «Wir hatten zur Lösung dieser wichtigen und schweren Aufgabe kein Geld, kein Laboratorium, keine Hilfskräfte zu unserer Verfügung. Wir mußten sozusagen alles aus dem Nichts schaffen. [...] Ich kann ohne Übertreibung feststellen, daß es für meinen Mann und mich eine Zeit heroischer Anstrengungen war. [...] Und dennoch, die im elenden Hangar verbrachten Jahre waren die besten, glücklichsten, einzig der Arbeit geweihten Jahre unseres Lebens. Oft kam es vor, daß ich unser Mittagessen an Ort und Stelle zubereitete, denn so mußten wir keine wichtige Arbeit unterbrechen. Manchmal hatte ich von früh bis spät eine kochende Masse umzurühren, mit einer Eisenstange, die kaum kleiner war als ich selbst. Abends war ich dann todmüde.»

3. Der zweifachen Nobelpreisträgerin war ihr Ruf als Vorzeigefrau in der männlich dominierten Welt der Wissenschaft unangenehm: «Es ist nicht notwendig, eine so antinatürliche Existenz wie meine zu führen. [...] Ich habe der Wissenschaft viel Zeit gewidmet, weil ich es wollte, weil ich Forschung liebte. [...] Was ich für Frauen und junge Mädchen will, ist ein einfaches Familienleben und eine Arbeit, die sie interessieren wird.» Der sogenannte Marie-Curie-Komplex (Wissenschaftlerinnen sollen weibliche Rollenklischees erfüllen und «männliche Erfolge» in ihrer Arbeit erreichen) entstand durch eine Spendenkampagne der Journalistin Marie Meloney in den USA, die Curie mehr als 100 000 Dollar für ihre Forschungen, aber auch den Ruf der Superheldin einbrachte.

4. Nur acht Monate nachdem sie sich kennengelernt hatten, heirateten Pierre und Marie 1895: «Obwohl wir in verschiedenen Ländern geboren wurden, waren unsere Weltbilder überraschend ähnlich. Zweifellos lag es an der Gemeinsamkeit der spirituellen Umgebung, in der wir in unseren Familien aufgewachsen sind», schrieb Marie. Zwar heirateten die beiden im Rathaus, verzichteten allerdings auf Eheringe und ein Hochzeitskleid und kauften sich von den Geldgeschenken zwei Fahrräder, mit denen sie ihre Hochzeitsreise aufs Land antraten.

5. Unter den Nobelpreisträgern ist neben Marie Curie sicherlich Albert Einstein einer der meistzitierten. Er soll gesagt haben, daß Marie Curie möglicherweise die einzige Person sei, die sich nicht durch Ruhm und Geld korrumpieren ließe. Passend dazu beschrieb Marie ihre Begeisterung für die Forschung so: «Ich gehöre zu denen, die die besondere Schönheit des wissenschaftlichen Forschens erfasst haben. Ein Gelehrter in einem Laboratorium ist nicht nur ein Techniker, er steht auch vor den Naturvorgängen wie ein Kind vor einer Märchenwelt.»

BONNIE & CLYDE

1. Der Deutsche Schaustellerbund e. V. beziffert die durchschnittlichen Ausgaben jedes Volksfestbesuchers mit 25,– Euro. Außerdem geht er davon aus, daß Schausteller (ohne Auf- und Abbau) an etwa 149 Tagen auf Jahrmärkten stehen. Wie viele Runden sie dabei in der «Wilden Maus» drehen, ist nicht vermerkt.

2. Der Import von Avocados nach Deutschland hat sich seit 2008 fast vervierfacht. Rund 71 000 Tonnen Avocados wurden laut Daten des Statistischen Bundesamts 2017 verzehrt. Der Wasserverbrauch beim Anbau von Avocado in Ländern wie Mexiko wird auf etwa 1000 Liter Wasser für zweieinhalb Früchte geschätzt. Diese heißen botanisch korrekt «Beeren», weshalb es sich bei der Plüschavocado um eine Stoffbeere und kein Stofftier handelt.

3. In Schießbuden wird mit speziellen Luftgewehren geschossen. Am häufigsten vertreten sind die Modelle Anschütz 275, das Haenel 310 oder Diana Modell 30, letztere sicher nicht zufällig benannt nach der römischen Göttin der Jagd, Beschützerin der Frauen und Mädchen und manchmal auch der auf Stoffrosen schießenden Herren. Luftgewehre für Schießbuden sind zum Sportschießen ungeeignet, da sie nur auf kurze Schußdistanz ausgerichtet sind. Die Standardentfernung beim Sportschießen beträgt zehn Meter, die eine Schießbudenluftgewehrkugel nicht mit einer stabilen Flugbahn zurücklegen könnte.

4. Starschnittartige Fotos, die Bonnie mit Zigarette und Gewehr zeigten, verschafften ihr den Ruf einer skrupellosen Gangsterbraut. Geschossen hat sie aber vermutlich kein einziges Mal. Bis heute fasziniert die Liebesgeschichte der beiden Outlaws viele Menschen. 2012 wurden bei einer Auktion in Missouri zwei Waffen von Bonnie und Clyde für mehr als 200 000 US-Dollar versteigert: die berühmte Thompson-Maschinenpistole («Tommy-Gun») für 130 000 US-Dollar und die Winchester-Schrotflinte für 80 000 US-Dollar. Das Auktionshaus nahm erheblich mehr ein, als Bonnie und Clyde bei ihren Raubzügen erbeuten konnten. In nur zwei Jahren gemeinsamer krimineller Laufbahn haben sie es allerdings geschafft, als Legende unsterblich zu werden.

5. Am 23. Mai 1934 wurden Bonnie Elizabeth Parker und Clyde Chestnut Barrow im Alter von 23 und 25 Jahren mit insgesamt 43 Kugeln erschossen.

MAJA & WILLI (Anmerkung von Jochen Schmidt)

Der Text zu Maja & Willi war schon geschrieben und das Bild skizziert (Maja, die eine Beehive-Frisur getragen hätte, hätte dem am Tresen dösenden Willi aus einer Blume frischen Nektar eingeschenkt), da kamen uns Zweifel, ob es sich bei unserer Version um einen Verstoß gegen das Urheberrecht handelte. In solchen Fällen hilft ein Entscheidungsbaum, der hier einmal abgedruckt werden soll, um deutlich zu machen, wie kompliziert unser Beruf geworden ist und warum das Bild von Maja & Willi nicht zu Ende ausgeführt wurde. Line Hoven hat sich geweigert, wenigstens ihre Skizze zu veröffentlichen (weshalb die Seite weiß bleibt), während Jochen Schmidt, der über weniger künstlerische Integrität verfügt, es zu schade um seinen Text gefunden hätte.

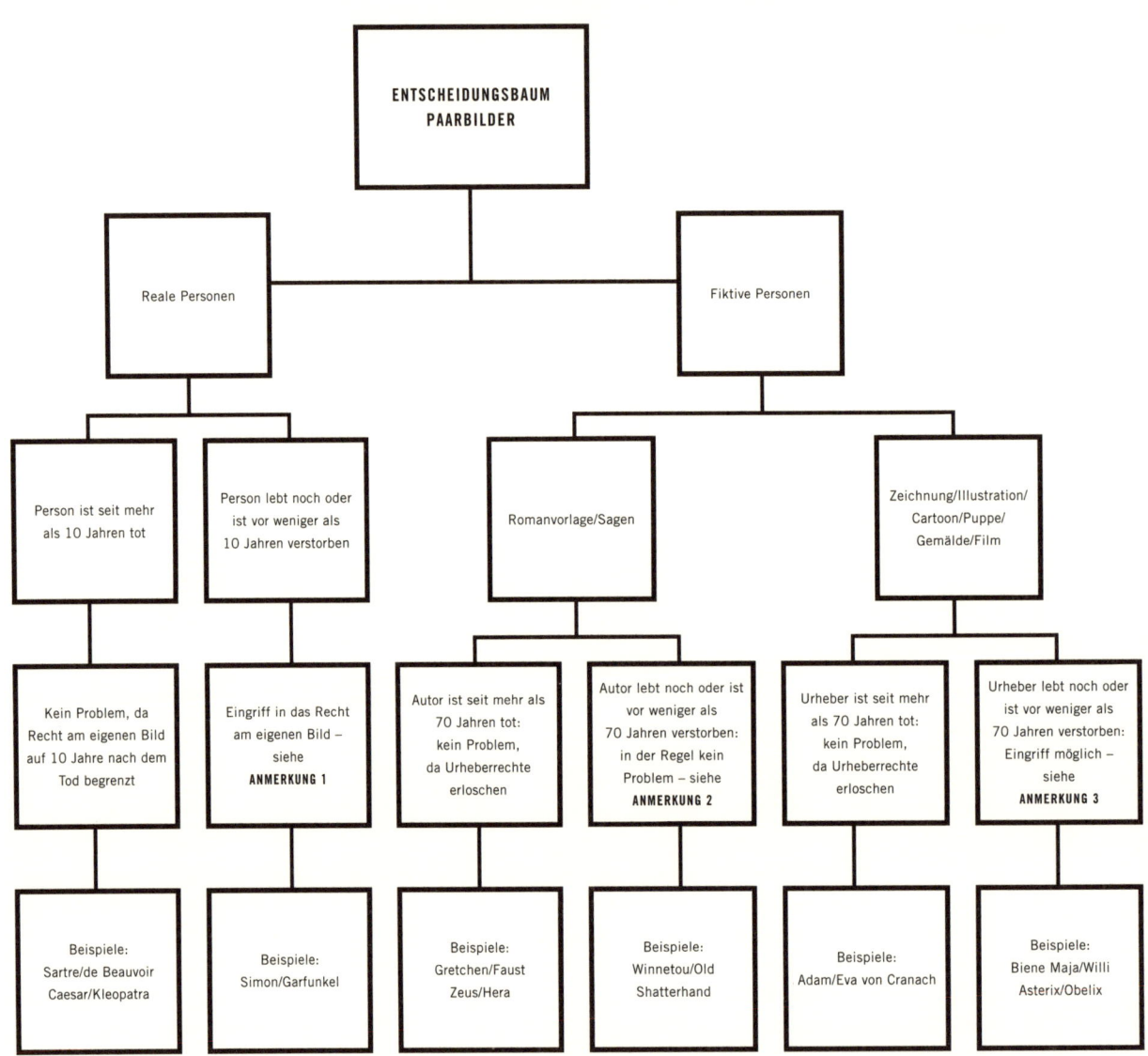

ENTSCHEIDUNGSBAUM PAARBILDER

Reale Personen

Fiktive Personen

Person ist seit mehr als 10 Jahren tot

Person lebt noch oder ist vor weniger als 10 Jahren verstorben

Romanvorlage/Sagen

Zeichnung/Illustration/ Cartoon/Puppe/ Gemälde/Film

Kein Problem, da Recht am eigenen Bild auf 10 Jahre nach dem Tod begrenzt

Eingriff in das Recht am eigenen Bild – siehe **ANMERKUNG 1**

Autor ist seit mehr als 70 Jahren tot: kein Problem, da Urheberrechte erloschen

Autor lebt noch oder ist vor weniger als 70 Jahren verstorben: in der Regel kein Problem – siehe **ANMERKUNG 2**

Urheber ist seit mehr als 70 Jahren tot: kein Problem, da Urheberrechte erloschen

Urheber lebt noch oder ist vor weniger als 70 Jahren verstorben: Eingriff möglich – siehe **ANMERKUNG 3**

Beispiele: Sartre/de Beauvoir Caesar/Kleopatra

Beispiele: Simon/Garfunkel

Beispiele: Gretchen/Faust Zeus/Hera

Beispiele: Winnetou/Old Shatterhand

Beispiele: Adam/Eva von Cranach

Beispiele: Biene Maja/Willi Asterix/Obelix

ANLEITUNG:

Der Entscheidungsbaum soll als erste Orientierung für die Frage nach Verletzungen des Urheberrechts sowie des Rechts am eigenen Bild durch die Rubrik «Paargespräche» dienen. Er erhebt keinen Anspruch auf Vollständigkeit, sondern soll in erster Linie eventuelle rechtliche Problemfelder aufzeigen. Der Entscheidungsbaum kann daher auch eine detaillierte Einzelfallprüfung nicht immer ersetzen. Sollten Sie sich bei einer Entscheidung nicht sicher sein oder sollten einmal zwei Kriterien zusammentreffen (z. B. Romanvorlage und Cartoon wie im Fall «Biene Maja»), dann müssen beide Wege abgeschritten werden. Im Zweifel bitte immer nachfragen!

ANMERKUNG 1

Da die Person spätestens durch Nennung des Namens erkennbar ist, stellt die Darstellung in der Regel einen Eingriff in das Recht am eigenen Bild dar. Dieser kann eventuell gerechtfertigt sein, wenn es einen Bezug zu einem zeitgeschichtlichen Ereignis gibt oder eine künstlerische Verarbeitung erfolgt – im Zweifel sollte hier Rücksprache gehalten werden.

ANMERKUNG 2

Ein urheberrechtlicher Schutz von fiktiven Charakteren, der sich auch auf die bildliche Darstellung erstreckt, ist nur in sehr wenigen Fällen gegeben. Voraussetzung wäre, dass das Aussehen des Charakters im Roman sehr detailliert geschildert ist. Dies wurde in den letzten Jahren in der Rechtsprechung beispielsweise für Pippi Langstrumpf ausführlich diskutiert. Auch hier im Zweifel bitte nachfragen.

ANMERKUNG 3

Hier kommt es zunächst darauf an, ob das ursprüngliche Werk urheberrechtlich geschützt ist. Da die Anforderungen an den Urheberrechtsschutz jedoch sehr gering sind, wird im Zweifel davon auszugehen sein. Weiterhin kommt es darauf an, ob es sich um eine (unfreie) Bearbeitung oder um eine freie Benutzung des Originalwerkes handelt. Für eine freie Benutzung muss ein gewisser innerer Abstand zum Originalwerk gegeben sein, z. B. durch eine satirische Einkleidung. Allerdings genügt es nicht, wenn sich die Satire aus dem beigefügten Text ergibt – vielmehr muss sich die Satire aus der Illustration selbst ergeben. Allein der Wechsel des Mediums (z. B. Illustration nach Vorlage einer Puppe/ Illustration nach Vorlage eines Gemäldes) genügt für diesen inneren Abstand nicht.

DANKSAGUNG

Die «Paargespräche» erschienen ab März 2017 monatlich in «chrismon, das evangelische Magazin». Wir danken der Redaktion für die Gastfreundschaft und produktive Zusammenarbeit, den Lesern für ihre Geduld und unserem/r Schöpfer*in für den Geschlechtsdimorphismus des Homo sapiens.

Von Jochen Schmidt ist erschienen:

C.H.BECK
Triumphgemüse
Müller haut uns raus
Meine wichtigsten Körperfunktionen
Schneckenmühle
Der Wächter von Pankow
Zuckersand
Ein Auftrag für Otto Kwant

VOLAND&QUIST
Schmidt liest Proust – Quadratur der Krise
Weltall. Erde. Mensch.

ROWOHLT
Drüben und drüben – Zwei deutsche Kindheiten
(gemeinsam mit David Wagner)

DTV PREMIUM
Seine großen Erfolge

PIPER
Gebrauchsanweisung für die Bretagne
Gebrauchsanweisung für Rumänien
Gebrauchsanweisung für Ostdeutschland
Gebrauchsanweisung fürs Laufen

EDEL BOOKS
Ballverliebt: Texte zum Fußball von Jochen Schmidt
zu historischen Amateuraufnahmen aus der
Sammlung Jochen Raiß

*Von Line Hoven und Jochen Schmidt
ist erschienen:*

C.H.BECK
Schmythologie

STUART&JACOBY
Dudenbrooks

Von Line Hoven ist erschienen:

REPRODUKT
Liebe schaut weg

ITA M.

A.F.

I ♡ B.M. - Last 4ever -

Love

LIEBE IST...
VANILLEEIS

LOVE Y

♡ HERTA BSC FOREVER

marian
♡
Robin

ERNIE
+ BERT

DANI + SAHNE

IRON
MAIDN

JONNY

B ♡ + ♡ F

ICH BIN SOOOOO
VERLIEBT

I ♡
MO

R

RALPH + LISA

T+P

GÜLCAN
= SEXY

HUND
UND
ATZ

MARY

~~PETER~~

+

PAUL

RONJA
LIEBT
BIRK B.

KISS

♥ Leo

A + Ω

I ♥ BERAT

MICKY + MINNIE

A

FONTANE
STINKT

♥ M&M

LOVE

I ♥

WER DIES
LIEST IST
DOOF

Küss mich Schnattchen!

ALEX

♥

Ich liebe
dich
~~Jamina B.~~
ROSI

U

P + S

I LOVE A.T.

NICO

SUSI + TIM = ♥